ESSENTIAL

エッセンシャル·イノベーター

INNOVATOR

次代を捉えた経営者のサスティナブル・マネジメント

監　修
株式会社ESSPRIDE／代表取締役 CEO
西川 世一

ダイヤモンド社

ESSENTIAL INNOVATORとは

現在《いま》ほど“真のイノベーション”が求められている時代《とき》はない
世界中の人たちが探し求めているものは、実にシンプルだ
日々の生活の中で“幸せに生きていく”こと
“SDGs”、“経世済民”…、古今東西、表現は異なっていても
経済活動が幸せをもたらす源泉であることに変わりはない
歴史の潮流が大きく動き始めたこの時代にあってこそ
“エッセンシャル・イノベーター”は生まれ育つ

序

歴史の扉が大きく開くとき
次代を担う経営者が現れる

『困窮』という故事・成語がある……。

現在《いま》から2500年ほど前、中国「春秋時代」を生きた哲学者で儒家の始祖。彼の〝ことば〟を編纂したものが『論語』となり、いまでも多くの経営者たちが読みつぐ愛読書、必携書ともなっている。

ある時、孔子のあまりの不遇さを嘆いた高弟が問う。

「あなたのような方が、なぜこのように困窮するのか」。

その問いに「君子、固《もと》より窮《きゅう》す」と応じた逸話が語源だ。

「君子だからこそ、なおさら多難な人生をおくるものだ」。

「危機的状況に陥ったときこそ、その人の真価が現れる」。

時代の変革期には、つねに「破壊と創造」に挑戦する起業家マインドをもつ経営者が現れ、いつの間にか組織と社会の常識を一変させる事業を興し、マネジメントを実践する。今回、紹介する15人の経営者たちのこれまでの人生と経験は、この故事を体現してきた者にしか語ることができない〝凄み〟と〝明快さ〟をもっている。

イノベーションを起こすことは、とても多難な企謀だ。時流を捉え、現実を変え、多くの人たちの支援を受けるためには、一筋縄では立ち行かない荒波の渦に巻き込まれたような苦痛と忍耐を伴う。ここに登場する15人の経営者も皆自身の想いとは相反する体験をし、その闇の中でもがき苦しみ、掴み取ったひとつの光明が、現在の「事業の礎」となり、今日に至っているという。

この難産の道程を無事に潜《くぐ》り抜けた彼らの志行と挙止には、共通した潔さと清々しさがある。そして、決して自らを成功者とは想っていないところも類似している。次々と繰りだす新たな事業創造に向けたマネジメントの手法や経営戦略には求道者を思わせるほどのこだわりと情熱があり、自身の身体と魂に深く刻み込まれた情報の宝庫からくる〝直観〟のきらめきがある。

歴史の扉が大きく開くとき、人の意識も大きく変わる。「幸せへの限りなき希求」とも言える人間の本音が表層を覆い、やがて時代は動き、社会が変わる。その先鞭役をも果たす彼らの挑戦には、これから多くの人たちが自らの人生の企図と未来図をリアルに描くための参考ともなる〝知略〟がある。

Table
of
Contents

目次

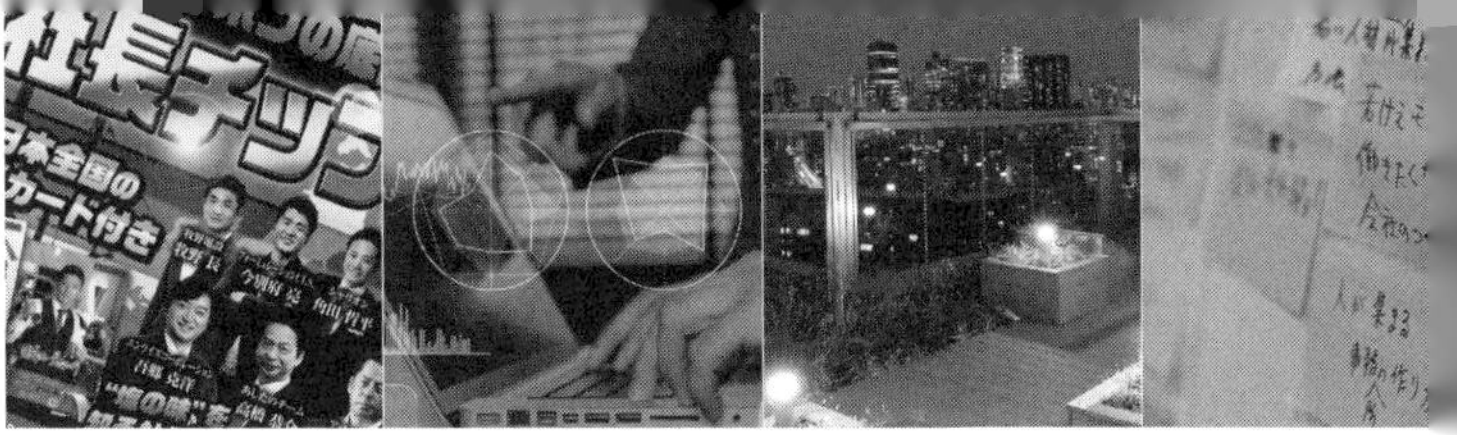

株式会社あしたのチーム

雇用する側と働く側の公正で、創造的な関係を生みだす模索は
歴史的・社会的にも、とても大きなテーマである。
この壮大な課題解決を担うソリューション策を探る日々は続く。

大切なのは市場環境への「変化対応力」
「労働市場」での新たな価値基準を創る

ESSENTIAL INNOVATOR

働く側にとっても、企業側にとっても、常に「働き手の人事評価」を
見極め、正当に評価し処遇をすることは死活問題となっていた。
時代が大きく変貌を遂げる現在、企業と働く人たちを取り巻く環境は
激しい変化の荒波の中ある……。
「人事評価制度」を、クラウドでICTやAIを導入し
一躍、このマーケットの覇者となりつつある企業が、ここ日本にある。
あしたの、次代を切り拓く「労働市場」の改革者を追った。

人事評価で、誰もがワクワクして働き続ける社会へと

適切な人事評価があって、初めて人は成長します。

社員が自ら目標を掲げ、優しさと厳しさの両方を兼ね備えた人事評価制度により、自身の成長を実感していくことができます。エンゲージメントは向上し、会社の生産性アップと社員の給与アップの双方が連動し繋がっていきます。

日本経済のためにも、働く一人ひとりのためにも、誰もがワクワクして働き続けられるような社会にしたい。日本の隅々にまで人事評価を浸透させることが「あしたのチームの目標」です。

株式会社あしたのチーム　代表取締役

Top Message —— takahashi kyosuke 髙橋 恭介

〝人事評価〟制度で会社を変え、社会をも変えていく。

〝人事評価〟サービスをクラウドで提供する「あしたのチーム」。働くすべての人が自己実現できる社会を作っていきたい。企業を変え、世の中をも変えていく新たな事業が次代の姿を変えていく。

「頑張れば、頑張っただけ評価され、給与も上がる。生活は豊かになり、さらに仕事を頑張りたいと思うようになる。その好循環が、働く人の人生を豊かにし、輝くものにしていきます。そのために必要になるのが〝人事評価〟です」。

東京の銀座に本社を置く「あしたのチーム」は、中小企業を対象に〝人事評価サービス〟を提供する企業だ。

大企業はもちろん、中小企業にも人事評価制度はあるだろう。なかには大手コンサルティング会社の指導により、緻密な制度を作った企業もあるはずだ。だが、それが機能しているかといえば、そうではない企業があまりにも多い。そう指摘するのはあしたのチームの髙橋恭介会長だ。

「何かしらの評価シートを使っている会社は50%ぐらいあるのかも知れません。しかし、それを利活用しているのか？　面談をしっかりとやり、そこで出てきた社員各々の評価を活用しているのかどうか、という点においては、ほとんどの中小企業の実態は〝何もやってない〟と言ってもいいでしょう」。

そのような企業のために同社が提供するサービスが、報酬連動型人財育成プログラム『ゼッタイ！評価®』

だ。人事評価をクラウドで提供し人財育成を実現していくサービスを提供している。

『ゼッタイ！評価®』では、営業・開発・製造、もちろん総務・経理などの間接部門も含め、すべての職種のモデルとなる、成果を上げている人の行動特性――コンピテンシーを利用して目標設定を行う。利用する会社は、職種や職位ごとに適したコンピテンシーを設定し、社員は設定されたコンピテンシーに沿った行動目標を自らが定める。行動目標だけでなく数値目標なども加え、それらを四半期ごとに上司と共に評価していく。また、結果を見ながら次の四半期の目標を定め、その結果は半期ごとに給与に反映される。この一連のフローをクラウド上で行うために開発されたのが『コンピテンシークラウド®』なのだ。

評価シート類は、すべてクラウド上にあるために目標を定めたり、評価をしたりする際にはパソコンやスマートフォンから随時書き込むことが可能となっている。曖昧さをなくして明確、かつ詳細に基準を定めて評価するため、結果は納得度の高いものになるという。

何よりも、一人ひとりの社員にスキルアップの道筋を明確に示すことができるので、個々の社員のやる気が引き出されるというものだ。

各社員の目標は、会社全体の目標に基づいて定められるので、トップの意志が社内の隅々にまで行き渡る効果もある。目標設定や評価の際に行う定期的な面談により、上司と部下間のコミュニケーションも活発になっていく。

評価者となる上司は、評価という仕事を通して、マネジメントのスキルを磨くことができる。経営層や人事担当者にとっては、社員の給与やボーナスをすぐに算出できる利便性も常備できることになる。

「正しい人事評価制度により、社員のエンゲージメントは高まり個人の成長意欲も促されます。その結果、会社の生産性は向上していく……」。

髙橋会長は「会社と社員を繋ぐのが人事評価」だと表現する。

『ゼッタイ！評価®』と『コンピテンシークラウド®』を導入する企業は、現在、２０００社以上ある。また、これらを利用する社員数は10万人超にものぼる。これらのビッグデータを基に、ＡＩが評価者のマネジメントスキル向上のためのサポートをしたり、評価者自身のマネジメントスキルを可視化したりする機能も加えながら、システムは絶えず進化しているという。

しかし、現実ではいきなり仕組みだけを提供されても使いこなせない企業は意外と多い。そこで同社では国内47都道府県ばかりでなく、台湾、シンガポール、上海、香港に営業拠点を配置し、『ゼッタイ！評価®』や『コンピテンシークラウド®』を活用する日本企業、また、海外企業を定期的に訪問して運用をサポートしている。それ以前の仕事として人事評価制度の設計や構築を行ったり、そのための分析をしたり、導入時には説明会や研修も行う。人の手を介したこれらのサポートを同社では「運用おせっかい」「導入おせっかい」と称している。

これら『ゼッタイ！評価®』と『コンピテンシークラウド®』、そして「導入＆運用おせっかい」の３つのサービスが三位一体となっているのが、あしたの

"GINZA SIX"オフィスフロアにある同社エントランスの佇まいは「企業の顔」そのものだ。

チームの人事評価サービスだ。

人事評価が「何もない」のが実態
中小企業のエアポケットを埋める

現実に、これらの仕組みを活用して、多くの企業で生産性を大幅に向上させてきた。

廃棄物処理を専門とする会社では、社長の意向で社員の給与が随時決まっていたことが課題だった。残業の管理が曖昧だったことを労働基準局より指摘されたことをきっかけに、きちんとした人事評価制度を導入することを社長が決意して、あしたのチームの『ゼッタイ！評価®』と『コンピテンシークラウド®』の採用に踏み切った。1年で残業時間は半減し、生産性は逆に2倍に跳ね上がったという。

「(業績が) 上がったのはあくまでも結果。社員一人ひとりが自分自身の取り組むべきことがわかったことで、彼らの行動が変わったのです」と、同社の社長は語っている。

人事評価制度の導入の際に、社員と共に行ったのが「業務の棚卸」だった。社員一人ひとりが自分が何をするべきなのか、そして業績を上げて、給料を上げるためにはどうすればいいのかを考えた。各社員が自分の仕事に改めて関心をもち、やるべきことを具体的に理解した結果の成果だった。

人事評価制度に基づき一人ひとりの目標を設定することで、現実に成果が上がって、社員自身が成長し始めた。それが会社全体の生産性を向上させることへと繋がっていったのだ。

また、ある印刷会社では、もともと自社で運用をしていた人事評価制度が形骸化していたことから、『ゼッタイ！評価®』と『コンピテンシークラウド®』を導入した。曖昧になりがちだった社員の目標を、数値などを交えて具体的なものにし、いつまでに、どのように実行していくのかのプロセスも明らかにするようにした。

毎月の上司と部下との面談を欠かさず、目標の到達度合いを評価し、次に向かうべき目標を定めるＰＤＣ

Aを回し続けたところ、1年で会社全体の生産性を20%向上させることができたという。

「〝何となく〟目標を定める、ということがなくなり、わかりやすい目標や評価基準を作ることができました。その結果、日々のコミュニケーションの質が格段によくなったと思います」と、その印刷会社の社長は語っている。

“ダンディズム”という言葉には“身綺麗”さも含まれる。高橋会長の生き様はそれを体現する。

目標設定を極めて具体的にしたことで、進捗状況の確認も、また、事実に基づく具体的な事象で見る習慣が社内に浸透し、早い段階での目標やプロセスの軌道修正も可能になったという。

また一方で、新しい制度の導入には抵抗も伴う。創業70年を超えるメーカーでは、年功序列の人事評価制度から抜け出せず、優秀な若手社員が力を発揮しきれずにいた。そこで『ゼッタイ!評価®』と『コンピテンシークラウド®』の導入に踏み切ったものの、ベテラン社員は反発し、労働組合からも強い抵抗にあった。

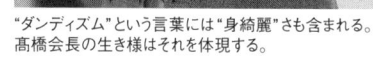

社員向けの説明会を何度も開催したり、組合と地道に丁寧に話し合いを続けていくことにより理解を深めていった。すると、初めは渋々と従っていた社員たちだったが、ベテラン社員が若手にクラウドの利用方法を尋ねたり、若手社員がベテランに目標設定についての助言を求めるなど、若手社員とベテラン社員が協力するようになった。薄れていた世代を超えたコミュニケーションが再び活発化したのだ。

強硬に反対していたベテラン社員も、1年後には部署の成功事例を発表するようになり、会社全体の業績も向上し、ほとんどの社員が昇給を果たした。特に若手社員のモチベーションが上がり、会社の将来も展望できるようになったという。

高橋会長は、人事評価制度の導入で、いかに経営が改善されていくかをこう話している。

「人事評価にメスが入り、1年、2年、3年とPDCAを回し続けていけば、会議体の運営をはじめ、日報・月報などの報告業務、決済フローや販売管理、在庫管理に至るまで、経営の他の部分の管理体制が強化されたり、『見える化』が進んでいきます。結果的に業績は改善し、向上していくのです」。

両極端な環境で働いた自らの経験 矛盾を感じて、遂に自分で動き出す

現実に成果を上げている企業を見ていけば、人事評価が経営上、いかに重要かがよく理解できるが、今もなお気づいていない企業は少なくないという。高橋会長自身、どのようにして人事評価の重要性に気がついたのだろうか……。

それは高橋会長が20代のころ、サラリーマンとして両極端な人事評価制度の下で働いた経験が大きく影響しているという。

大学を卒業したばかりの高橋会長が、最初に入社したのが興銀リースだった。日本興業銀行グループのリース会社で、「世の中の水準からすると、異様に給与は高かった」が、人事評価はというと、目標管理制度が導入されてはいたものの、従来の年功序列の習慣から脱しきれずに、成果と報酬とが連動することはなかったという。

当時、頑張って成果を上げても、或いは上げなくても給与に反映されることはなく、それを安定した環境と考え甘んじる社員は多かった。しかし高橋会長には、それが返って危機的な状況に見えた。

ぬるま湯のような環境にいてはダメになってしまう。そう考えた高橋会長はベンチャー企業に転職を決意する。期待通りに力を存分に発揮する毎日を過ごすもの

の、そこでの人事評価制度といえば明確なものはなく、社長の一存で社員の給与が決まるようなところだったと話す。

かたや年功序列という古い考え方に縛られ、頑張ったところで報酬には反映されず、やる気のある人間から辞めていくような会社。一方、なにも人事評価制度がなく、社長に気に入られるか、気に入られないかだけで給与が決まる会社だった。2つの真逆ともいえる両極端な人事評価の環境を経験した髙橋会長は、人事評価が社員のやる気、ひいては会社の業績に大きく影響する事実を、真剣に考えずにはいられなくなった時期だったという。

その後、ベンチャー企業の副社長となり、自ら人事評価制度を運用する立場になったとき、思い切った対策を打ち出したのだが、そこで大きな失敗をしてしまう。働く意欲を引き出すつもりで社員の給与を一律にアップしたのだが、それがまったく裏目に出てしまったのだ。

「たくさんの優秀な社員が辞めていきました。自分は他の人よりも頑張っているのに、給料はまったく頑張っていない人と同じ額しか上がらない。会社は自分の頑張りをきちんと見てくれていない。正当に評価してくれない。こんな会社では働きたくない。それが社員たちの言い分でした」と振り返る。

人を「正当に評価」することの大切さを痛感した。新しい人事評価制度を早急に確立し、成果を上げる人の行動特性であるコンピテンシーを明らかにして、

髙橋会長が常に持ち歩く掌サイズの小物
“MONTBLANC ノートブック”は
彼の必携ステーショナリーである。
「気になったことはなんでもここに書きます」。
“打出の小槌”がこのメモの中にある。

それを基にした基準を作って、各個人が目標を設定するようにした。そして目標に対してどれほど到達したのか定期的に上司と面談しながら、行動プロセスも含めて評価をした。現在の「あしたのチーム」が提供する仕組みの原型」ともいえる制度だった。

頑張った人は評価され、そうでない人は評価されず、マイナス評価もあった。一見厳しく、反発を招きそうだったが、結果は違った。やる気のある社員から受け入れられ、特に若い社員の中には、短期間で新しいスキルを身に付け、成長する人材が数多く現れるようになったのだ。

その後、髙橋会長は、〝リーマンショック〟が起こった10日後には、人材紹介事業を開始し、農業に特化した求人サイトや、介護事業のサイトを立ち上げるなど、時代が求める求人の仕組みを商品として作っていった。その傍らでもう一つ形づくっていったのが「人事評価制度の商材」だった。

自らの経験から、人事評価がいかに会社の業績に影響を及ぼすかを痛感していたが、周りを見回せば、当時（も恐らく今も）、人事評価制度はあってもまったく機能していない中小企業が多かった。

社員の業績を「正当に評価」して給与に反映させる制度があれば、社員はどう成長していけばよいのかを知ることができ、存分に力を発揮する。会社の生産性は大きく向上するだろうと考えた。

倒産の危機を乗り越え、２０１１年、現在の「あしたのチーム」という社名に変更。〝人事評価サービス〟を専門に扱うようになっていった。

立ち上げ時は理解されるのに苦労 だが、10年で時代背景は激変した

人事評価制度をクラウド化して（当時はＡＳＰ：アプリケーション・サービス・プロバイダーとして）提供する。時代が求める商材だったはずだったが、なかなか世の中には受け入れられなかったという。

「当時は〝リーマンショック〟後の影響で景気が悪く、正社員であるだけでもありがたいという時代でし

た。人事評価なんかどうでもいい。『世の中、今どういう状況かわかっていますか？　クビを切っているんですよ』、そう言われたこともあります」。

その当時の日本経済は冷え切り、どこの企業も人を雇うどころか、人員を整理している有様だったのだ。社員である人にとっては、まず社員であり続けること。クビを切られた人にとっては、一刻も早く社員になること。それが最優先事項であり、正当に評価されるかどうかは二の次だったのだ。雇い止めによる失業は派遣社員にとってはより深刻で、東京の日比谷公園では「派遣村」がつくられた時代でもあった。

２００９年、下がり続けていた有効求人倍率が底を打ち、反転して上昇をし始め、企業は人事関連の施策を見直し始めたところだったのだが、２０１１年３月『東日本大震災』が発生すると、その動きは沈静化してしまった。じっとチャンスを窺《うかが》う時期が続いたが、流れが変わったのは、２０１２年12月、第二次安倍内閣が発足して〝アベノミクス〟が始まったことだった。有効求人倍率は「１」を上回るようになり、そのまま

整然としたオフィスで、礼節を識るスタッフが働く。

上昇を続けていった……。

「このあたりの時期からセミナーを行っても、インパクトがまったく違ってきました。一気に来たかな。そんな手応えを得ました」と、髙橋会長は当時を振り返り話す。

そして遂に、追い風が吹き始めた……。

まず〝HRTech〟に関心が高まった。〝HRTech〟とは人事関連の業務にICTをはじめ先端技術を導入して、大幅な効率化や合理化を図っていくことだが、クラウドサービスで、人事評価の仕組みを提供する「あしたのチームのシステム」は、まさに〝HRTech〟そのものだった。

もう一つ、「働き方改革」が注目され始めたことも大きな影響を社会に与えた。2015年12月、電通の女性社員が過労自死したことで、東京労働局による立ち入り調査が入り、会社の労働環境に厳しい目が注がれるようになった。

また、意外な方面からの後押しが〝マイナンバー〟だった。マイナンバーで社員情報を社内で管理しようとすれば、手間もお金も膨大にかかる。それよりもセキュリティがしっかりした専用のクラウドを利用した方がいい。そんな機運が生まれたのだ。

これまで多くの壁が立ちはだかってきたが、徐々に、あしたのチームの仕事は認められ強く支持されるものへとなっていった。

ここまでくる途中で、この事業・サービスを諦めなかった理由を訊かれて、髙橋会長は「社会に貢献する、社会に必要とされるサービスを作る意気込みだったからです」と、これまでの多難な道程を振り返りながらも話してくれた。

〝人事評価〟のビッグデータがこれからの日本経済を変える

「大企業の人が今もなお中小企業に行きたがらない一番の理由は、〝人事評価制度への恐怖〟からです」と髙橋会長は、その真相を明かしてくれた。

企業や社員に利益をもたらす「あしたのチームの仕

組み」だが、産業界全体への貢献についても触れておく必要があるだろう。

かつて、髙橋会長もそうだったように、自分を試してみたい、力を発揮してみたいという気持ちで、大企業から中小企業への転職を考えている人も多いはずだ。だが転職先に適切な人事評価制度がなく、不当に低く評価されてしまうのなら何もならない。そんな〝恐怖〟が、多くの人の大企業から中小企業への転職を阻んでいる。クラウドで人事評価制度を提供する「あしたのチームの仕組み」が普及すれば、その壁は打ち破れるという。

「ジョブディスクリプション（職務記述書）は、日本企業では普及しておらず、職務をベースに賃金を決めることができないのが現状です。総務省もジョブカードの普及を図ってはいますが、それも進んではいません。しかし、これからの日本では、このジョブディス

自分の成長に寄り添ってくれる会社かどうかは人事評価制度を見ればわかる

新卒採用の説明会でこう問いかけることがあります。「みなさん、アルバイトをしたことはありますか?」。ほとんどの学生さんの手が挙がります。当然ですよね。でも、次に「その時、時給がどうやって決まっていたのかを考えたことはありますか?」。「時給を50円、100円上げるためにどうすればいいのかを考えたことはありますか?」と訊くと、途端に、挙がる手は少なくなっていきます。

正社員でも、ろくに面談をしていない会社がある一方で、アルバイトであっても、月に一度、必ず面談をしている会社もあります。このような些細な事柄にものすごく力を入れたおかげで、実際に業績を伸ばしている会社があります。

企業を選ぶ基準はいろいろあると思いますが、成果を正当に評価してくれるのか。そして、自分の成長に寄り添ってくれるのか。そこがとても大切になります。人事評価制度の目的も、またそこにあります。

これから就職を考えている人は、自分のアルバイト時代、時給はどうやって決まったのか。正当に評価をされていたか。それを思い出しながら、就職を希望する会社の制度や姿勢を調べ直してみることも必要なのではないでしょうか。

クリプションを共通のデータベースで、きちんと流通させる必要があります。私たちのクラウドサービスは、まさにその社会の要請を実現させていくものなのです」と、髙橋会長は話す。

職務内容をはじめ、それを遂行するためのスキルなどを詳細に記したジョブディスクリプションは、欧米では就職、転職の際に当たり前のように使われているが、日本ではまだ普及が進まないのが現状だ。

だが、これからの日本では、若者の就職や転職に加え、高齢化がますます進んで、退職後の再就職が一般的となり、海外から外国人労働者が大勢入って来たりと、労働市場は激変して大混乱となる。そのような近未来像のなかで指標を示してくれるのが人事評価の「共通のデータベース」だ。

各社が時間をかけて明らかにしてきた職務の詳細、社員たちがそれを基に実際に目標を設定し、評価を受け、ＰＤＣＡを回してきた「ナマの情報」があれば、企業にとってはどのような能力や知識、経験を持つ人間が欲しいのか、また、極めて具体的に欲しい人財の

新たな課題「人事評価データベース構想」は、髙橋会長の積年の“ミッション”でもある。

実績や知識、経験、コンピテンシーなどを示すことができる。

仕事を求める側にとっても同様のことが言える。〝人事評価のデータベース〟によって、客観的に求められる能力や知識、経験を知ることができ、自分自身と照らし合わせることで、労働市場での客観的な自分のポジションを知ることもできるのだ。求人を出す企業側も、それに応じる求職側にも、まさにピンポイントでお互いを見つけることができるようになっていくことなる。

「企業の平均寿命が30年に対して、人が働く期間は、近い将来50年程度になると言われています。言い古された言葉ですが〝就社〟という考え方は、もう絶対にあり得ない。どんな名門企業に入ったとしても、10年後、その会社が海外企業に買収される可能性は誰も否定できません。セカンドキャリア、サードキャリアも含めて、自分自身で社会と向き合い、自分のキャリアを築いていかなければならない時代がやってくるので

2つめの提言は「人事データのポータビリティ」

人事評価制度の普及のため、「『賃金の決定方法』の開示の義務化」を提言する髙橋会長だが、もう一つ提言しているのが、社員自身の評価データを自分で持ち出せるようにすること。〝人事評価データのポータビリティ〟だ。

現在、たとえ自分の人事評価データであっても、企業機密が含まれていたり、個人情報が関わっているという理由で、社員が自分で、このデータを外部に持ち出すことは難しい。

だが、もし、一般に流通している履歴書や職務経歴書に加え、前職での評価データを携えての応募が可能になれば、当人にとって自分の実績を詳細にわたってアピールできるだけでなく、企業にとっても、どの評価項目で、どれほどの成果を出せばどのような待遇になるのかを具体的に提示することができる。採用後に、こんなはずではなかったとお互いに感じるようなトラブルも減らせ、〝人財マッチング〟を飛躍的に高めることができるというわけだ。

現在のITC技術を用いれば、人事評価データ中の企業機密や個人情報に抵触する部分は、指数化するなどの加工を施し表に出ないようにすることは可能だ。転職市場をより活性化させるためにも、ぜひ進めて欲しい課題であるはずだ。

す」と、髙橋会長は熱く語る。

「人生100年」と言われる時代では、生涯の半分の50年分のキャリアプランを自分で作らなければならなくなるのだ。その時に役立つのが〝人事評価の共通のデータベース〟だ。自分自身の実績や評価を客観的に知り、身に付けるべきスキルやコンピテンシーを理解し、自分で自身の成長を設計していく。若い時はもちろん、セカンドキャリア、サードキャリアと年齢を重ねていけばいくほど、その利用価値は高まるはずだ。

現実に、〝あしたのチームのビッグデータ〟を活用しようとすれば、現在利用している企業や社員個人の同意をとる必要がある。また、会社には個人情報を保護する義務が、また、社員にも守秘義務があるため、自分の経歴であっても前職での評価データを持ち出すことすら難しい。〝人事評価の共通のデータベース〟は夢なのだろうか……。

髙橋会長は、適切な人事評価による「賃金の決定方法」の開示の法的な義務づけが、突破口になるだろうという。

「現在、厚生労働省に『賃金の決定方法』の開示を義務化することを提言しています。『賃金の決定方法』と『昇給』は、人事評価規程を必ず設けて、評価基準とその運用を明確化・透明化し、就業規則に載せること。こうすればどこの企業でも適正な人事評価制度を採り入れられるようになるでしょう」。

現在も労働基準法により会社の就業規則には必ず「賃金の決定方法」と「昇給」を記載しなければならないが、人事評価を絡めた規程にはなっていない。それを法的に義務づければ、日本のどの企業に於いても〝人事評価の仕組み〟が定着し、共通の指標による人材の流動化が実現していくはずだという。

「日本独自の労使関係には、これから間違いなくパラダイムシフトが起こります。その時、人事評価制度が確実に大きな武器になっていきます」。

共通した人事評価制度を国内はもちろん、海外にも浸透させて一つの産業にまで成長させていきたいと、髙橋会長は「近未来の社会」での、自らの役割と夢を吐露してくれた。

雇用する側と働く側の公正で
創造的な関係を生みだす模索は
歴史的、社会的にも
とても大きなテーマである。
この壮大な課題解決を担う
ソリューション策を探る日々は続く。

社名	株式会社あしたのチーム ASHITA-TEAM CO., LTD.
本社所在地	〒104-0061 東京都中央区銀座6-10-1 GINZA SIX 11階 Tel ：03-4577-3923 Fax ：03-6478-8011 URL ：https://www.ashita-team.com
代表者	代表取締役　髙橋 恭介
設立	2008年9月25日
資本金	4億1,010万円 （資本準備金含む。2019年2月現在）
事業内容	報酬連動型人財育成プログラム 「ゼッタイ！評価®」 人事評価クラウド 「コンピテンシークラウド®」

株式会社うちすけ

江戸日本橋に本部を置き職人集団を執りまとめる「フランチャイザー企業」がある。

掲げる旗印は『喜楽好信』。人を喜ばせ、楽しくさせて好いてもらう。

最後には、心から深く感謝し合い、信頼を得る。商売の要諦は、今も昔も「千古不変」だ。

地元職人を再組織化した地域密着型事業は
新時代を切り拓く「社会インフラ」へと昇華する

E S S E N T I A L　I N N O V A T O R

障子や襖の張替、高齢者が頼みにする御用聞きビジネス。
ニッチな領域、且つ古典的な事業モデルであると思われていた
“職人の人柄と技術・力量”が決め手となる
いわゆる“オールド・ビジネスモデル”の事業領域に
新たなフランチャイズ事業のマネジメント手法と教育制度
企業理念を持ち込み大成功をおさめている「職能集団」がある。
この地域密着型の新ビジネスは、これからの日本の明るい未来を
切り拓いていくに足る、気概と頭脳、組織力と機動力を備えている。

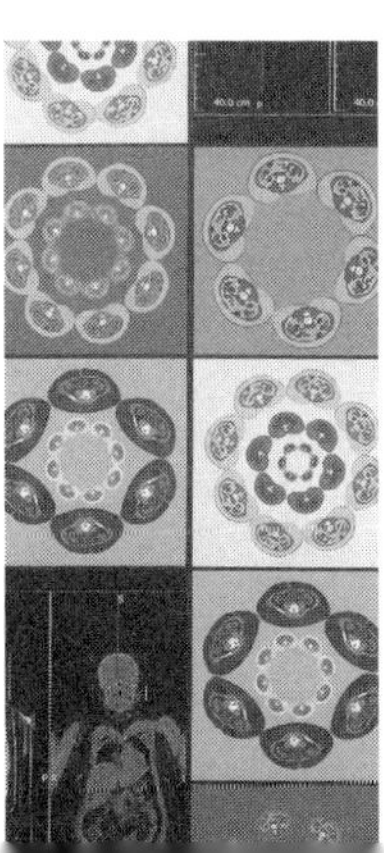

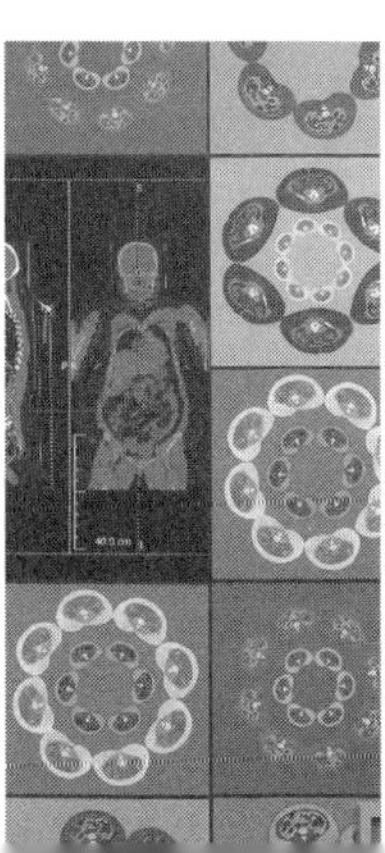

企業理念「喜楽好信《きらくこうしん》」はフランチャイズ事業の基本

弊社の社是である『喜楽好信』とは、まず第一にお客様に「喜んで」いただくことから始まります。次に、私たちの仕事を「楽しんで」いただき「好き」になっていただく。そして最後には、私たちのことを「信頼」していただく関係を築いていくことを表しています。

何よりも第一番に、お客様のことを真剣に考えることが、結果的には自分たちの利益につながる、ということです。

フランチャイズ本部として、加盟店様に対する姿勢もまったく同じです。いかに加盟店様が売上を上げることができるのかを、まず第一に考える。そして、そのための仕組みや体制を作り上げ、維持していくことが、フランチャイズ事業を成功させる基本原則だと考えています。

株式会社うちすけ　代表取締役社長
kohita ryuta 小比田 隆太

Top Message

地元職人をネットワークして新たな地域社会のインフラを築いていく。

襖《ふすま》や障子、網戸の「張替本舗金沢屋」。
壁紙張替とオリジナル壁紙制作の「ＫＡＢＥＣＯ」。
庭・草木の手入れなど「家の困った」を次々と解決してくれる
高齢者の味方、御用聞き「家工房」。
職人集団を再組織し、フランチャイズ化して
新たな地域密着型の事業展開で「新業態」を創りだす。

現代の住宅環境の中でも、多くの家には和室があり、押し入れもあり、障子も当然ある。しかし、それらが壊れたり、穴があいたとしてもわざわざ修理にだす人がどれほどいるのだろうか。ましてやマンションでは、和室のない家さえも増えてきた。いままは障子や襖とは無縁に暮らす人も少なくない。日本家屋が多い地域ならば細々と仕事になったとしても、とても「障子や襖の張替」が事業になるとは、ましてや全国規模のフランチャイズ事業が成り立つとは、誰も思わないのではないだろうか……。

「私も最初に（張替本舗）金沢屋を知ったとき、そう思いました。『それなら直営店を見に行け！』と創業者に言われて、横浜旭区のお店まで行ったんです。すると、ホワイトボードには仕事の予定がびっしり。しかも、その間も予約の電話が次々と入ってきました。横浜で、まさかこれほど障子や襖の張り替えのニーズがあるとは……。驚きましたね」。

失礼な質問とは知りながらも、「本当に事業として

成り立つのでしょうか?」と切り出したとき、当時を振り返り答えてくれたのが、株式会社うちすけの小比田隆太社長だ。

同社は、障子・襖張替などの事業展開で全国規模のフランチャイズ「張替本舗金沢屋」として現在、加盟店数は全国で250余店を誇る。加盟店といっても、注文を受ける電話と、作業をするスペースがあればどこでも仕事ができるため、厳密にいえば店舗ではなく仕事の拠点のことなのだが、ともかくその数はいまも続々と増え続けているという。

しかも、一つひとつの加盟店は、けっして〝細々と仕事〟をしているわけではない。人によって差はあるものの、月に数百万円もの売上を上げ、百万円単位の利益を得ている人もいる。個人事業主として加盟する人がほとんどだが、中には会社として加盟して、社員、パートなどと共に組織的な事業で年商9千万円超をあげている会社もある。工務店を兼務していたり、地元の工務店といっしょに仕事をすることで、襖や網戸、障子の張替などの少額の仕事から始めて信用を得て、壁紙の張替や外壁の塗装などの高額なリフォーム事業へと仕事の幅をどんどん広げている例は多いという。

業界の構造そのものを変革して確実な収益が上げられるビジネスモデルへと育てていく

もちろん襖、網戸、障子の張替などの仕事をコツコツと積み上げて着実に利益を上げている人もいる。「私も最初は、大きな収益を上げているのは実はリフォームなどの大型の案件であって、襖、網戸、障子はあくまで入り口だと思っていました。が、それも違っていたのです」と小比田社長は話す。

うちすけ事業の功績の一つは、このように襖の張替などの作業、それ自体で利益を上げられる仕組みを作り上げたことなのだ。「業界の構造そのもの自体を変えた」と、小比田社長は説明する。

「かつて襖の張り替えなどは下請けの仕事でした。

年に1度の「FC全国大会」では、張替本舗金沢屋の加盟店が一堂に会する。

皆さん、襖の張替えをしたいと思った時にはどこに頼むでしょうか。おそらく工務店やリフォーム店でしょう。しかし工務店は注文を受けても、直接、襖の張替を行うわけではありません。職人さんに下請けに出すというビジネスモデルです。職人さんは自ら営業するわけでもなく、その結果、客単価は低いままで、誰もそんな仕事はやりたいとは思わず、若い人が業界に入ってくることもありませんでした。実際、工務店も単価の低い襖の張替仕事を取りたいわけではありません。外壁塗装やリフォームをやった方がよほど利益になる。襖の張替作業を積極的に受注することなどなく、現実に職人さんはどんどん廃業していたんです」。

例えば「金沢屋」の本部では、新聞折り込みデザインを常時10通りほど用意しており、加盟店は自分たちの特長や地域特性を考えて、これはと思うものを選ぶ。自分の顔写真を入れカスタマイズもして、裏面も何通りかのパターンの中から自由自在に選択して独自のチラシを作っていく。そして、それをどこにどれだけ配布するべきか、スーパーバイザーや本部と提携してチラシの手配を行っている業者に相談して、自分で枚数を決めて配布の指示をする。

加盟店は、自分のエリアの顧客にどうすれば「襖の張替」ビジネスがあることを知ってもらえるのか、そして電話をかけてみようという気になってくれるのか、それを考えて営業をするわけだ。

本部では、効率よく仕事を行う「金沢屋工法」の教育を体系化しており、加盟店はそれを学んで仕事の合理化にも絶えず取り組んでいる。自分で予約の電話を受け、いつ訪問するのか、どれほどの注文を取るのか……。自らの生産性と照らし合わせながら、コントロールをしていくのだ。

襖、網戸、障子の張替という小規模な仕事であっても、着実に利益を上げられるようになったのは、加盟店自らが、営業も受注も実際の作業もすべて自らが主導権を持つ〝元請け〟となれたからだ。

国内の住宅総数は5千万世帯以上。そのうち和室を好む65歳以上の高齢者が住む住宅は47％を占めるという。このような調査データからも、地方には、特にこれらのニーズがあることを意味している。

多くのビジネスが、人やお金の集まる都心をめざすなかで、張替本舗金沢屋はその逆を突く発想で、大きな可能性を見い出してきた。誰も見向きもしなかったマーケットを、有望で、かつ可能性に満ちたマーケットに変えたのだ。

「襖の張替事業」を全国展開したい　そのためのフランチャイズ化を積極的に推進していく

小比田社長が代表取締役に就任したのは、2017年春のことだ。2代目だが、創業者と血縁だったわけではない。フランチャイズ事業での経験を買われてヘッドハンティングで同社に入ったという。

初代つまり創業者は、以前は、父親と共に石川県金沢市で工務店を営んでいた。かつて父親は襖の張替職人をしており、その後、工務店に事業転換して20

数年間会社を運営していたのだが、その後、父親はもう一度、「襖の張替」を事業化したいと考えて、それを息子に託した。こうして2003年、名古屋に設立されたのが有限会社ダイタクだった。

消費者は、襖を修理したくてもどこへ連絡したらいいのかわからない。ニーズは眠ったままだった。そこでチラシを撒き、「襖の張替のサービス」があることを知らせれば、必ず注文が入るはずだ、そう考えて、当初、ダイタクではすべてを自分たちで行う直営店を各地に展開する構想を立てていた。人を雇い、襖の張替の技術を伝えて職人を育成し、支店網を広げていくつもりだったのだが、現実は思ったようにはいかなかった……。

「技術を身に付け、自信をもった人たちは、皆んな独立を望みました。創業者も高い技術を持ち、それを丁寧に教えるのですが、熱心に教えれば教えるほど、学んだ人たちは会社から出て行ってしまった」と言うのです。

悩んだ末に行きついた形がフランチャイズだった。

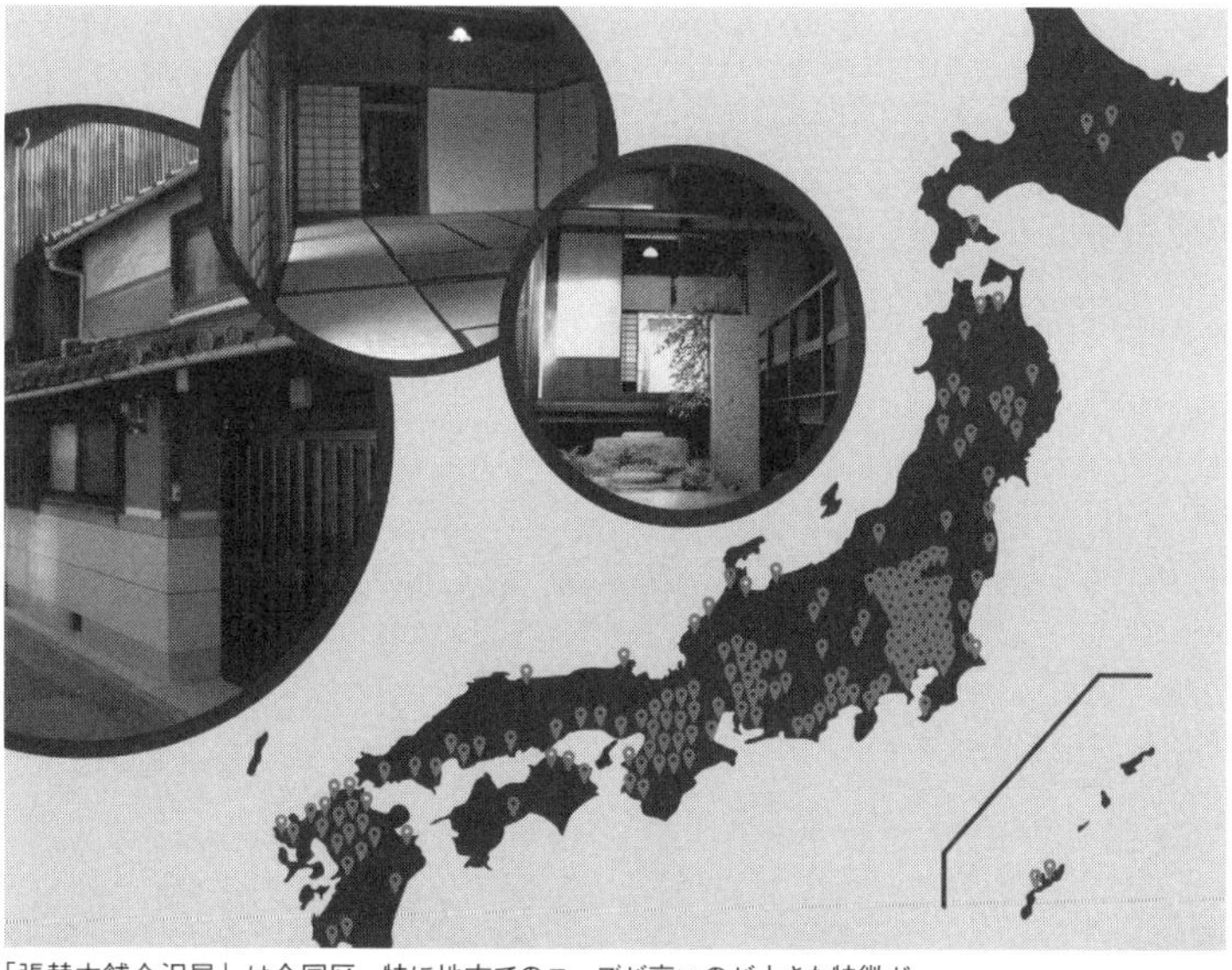

「張替本舗金沢屋」は全国区。特に地方でのニーズが高いのが大きな特徴だ。

技術を身に付けた人は加盟店のオーナーとして独立して仕事を始めればいい。自信をもった人たちの独立願望を満たし、同時に「襖の張替」を事業化して全国展開するという会社の目的も達せられる。

こうして２０１１年に誕生したのが、フランチャイズ事業の「張替本舗金沢屋」だった。だが現実の事業運営には苦労した。創業者も職人としては高い技術を持ち、「金沢屋工法」と呼ばれる従来よりもずっと合理的な張替方法を開発したのだが、数十店、数百店と全国展開をしていく加盟店を教育していくためには、別のノウハウが必要だったからだ。

このような時期に、ダイタク創業者は小比田社長と知り合った。当時、小比田社長は、まだある大手フランチャイズ企業に勤めており、そこで幾つものフランチャイズ事業の開発に携わっていた。それら事業企画の加盟店希望者への営業経験も豊富だった。

世の中には数多くのフランチャイズ事業が存在しているが、成功し実績を残しているのはごく一部だ。12年の大手フランチャイズ企業での経験で、小比田社長は成功のためのノウハウを体得していた。張替本舗金沢屋を広げたいと思っていた創業者は、そんな彼に注目し交際が始まった。その後、前述のように小比田社長は横浜の直営店に案内され、金沢屋の事業には大きなニーズがあることを知った。

「新たな社会インフラとなって、地方でお金を回せるようなビジネスにしていきたい」と小比田社長は語る。

２０１６年小比田社長は、創業者より正式に同社の役員として経営に参画してくれないか、というオファーを受け、人生を賭けた決断を下すことになる。長年の付き合いで、創業者の「襖の張替」の事業化にかける熱意は十分に理解していたし、何よりも仕事に対する姿勢に共通するものを感じていたという。

「創業者の座右の銘が『仕事は命がけの遊びである』でした。私の座右の銘は『仕事は遊び、遊びは仕事』。こんなに似ている人はあまりいません。人生の大半部分は仕事です。仕事がつまらなければ人生そのものもつまらない。仕事を遊びのように楽しむ。そして、遊びは仕事のように真剣に、と考えていました」と、小比田社長は瞳を輝かせた。

何より会社の「喜楽好信」という経営理念に共感した。お客様や加盟店にまず喜んでもらい、楽しんでもらう。金沢屋を好きになってもらって、信用されて、その結果でおカネをいただく。加盟店やその先にいる顧客を第一に考える姿勢は、自分がまさに望んでいたものだった。これまでの大手企業では、顧客や加盟店よりも、まずは本部の利益を優先する傾向があり、それを疑問に思うことがあったからだ。

うちすけならば加盟店や顧客を大事にする、本来あるべきフランチャイズ・ビジネスを実現できる。こうして２０１６年春、役員として経営に加わることになった。

当時、張替本舗金沢屋の加盟店は２００店にまで増えてはいたが、本部の体制と仕組みづくりが未熟なことで苦しんでいた時期だった。

本部の機能を大改革して加盟店のためのツール類を次々と開発し磨いていった

マーケットは確実にあり、「襖の張替」を合理的に行うノウハウもあった。創業者の熱意も人一倍だ。後は、フランチャイズ本部として、どれほど充実した機能を持つことができるのか。小比田社長が最初に行ったのが、本部機能の大改革だった。

フランチャイズを成功させるために欠かせないのが、まずは教育制度だ。創業者は高い技術を持ち、人に教えることにも優れていたが、それはあくまで1対1でのことだった。当時、すでに200店にも及んでいた加盟店の一人ひとりに、充実した教育を行うとなると話は別だ。きちんとした仕組みを整える必要があった。

それまでも加盟者には最初に本部で6日間の研修を行い、襖の張替技術などをみっちりと教えていた。小比田社長は、それに加えて直営店でのOJT3日間の研修後、加盟店として経験豊富なメンターのもとに出向き、実際の仕事を3日間体験できるメンター研修も用意した。さらに開業後、各地域のスーパーバイザーが張り付いて3日間、開業支援を行うことにもしたのだ。

「メンターは、加盟店として大きな実績を上げている人たちです。メンター研修では、その仕事現場で非常に実践的な内容を学ぶことができます。本部の研修では学べないような〝裏技〟も覚えられるようになります」。

これらの研修を終え、加盟店として独立して仕事を始めた後も、本部としての支援の場をいろいろと用意した。

まず、全国を7ブロックに分け、その一つひとつの地域で「エリア会議」を開催することにした。加盟店同士が一堂に会し顔を合わせられるようにして、

加盟時は本部での研修のほか、OJT研修、メンター研修、スーパーバイザーによる開業支援などの、手厚い教育・支援体制がある。

そこでは成功事例を共有したり、疑問や提案などについての情報交換ができるようにした。

年に一度「FC全国大会」を開催して、その年に大きな実績をあげた加盟店には「表彰を行う」ようにした。また、仕事で使う資材を提供する取引先の工場見学などを、希望者を募って行っている。

日常的なサポートとしては、加盟店へ電話で連絡を取る専任の担当者を配置した。毎朝、順番に加盟店に直接、電話を入れていくという仕組みだ。

「もちろん、そこではわからないことを聞いたり、答えたりもできるんですが、別段、用事がなくても、『今日も頑張ってくださいね！』と伝えるだけでも構わないと思っています。自営で事業をやっていればなにかと孤独になりがちなものです。普段からこうして本部とコミュニケーションを取ることが習慣化していれば、いざ何かあったときに、お互いに連絡し易いですからね」。

加盟店の力となっている仕組みの一つとして、LINEグループも見逃せない。わからないことを聞きあったり、アドバイスしたり、加盟店同士で行っていた情報交換の場が膨らみ、今では100名を超えるグループに発展しているという。

加盟店ならば誰でも参加でき、そこで疑問点や気がついたことなど何でも発言できる。それを見ていた他の加盟店が答えてもくれる。メンターを務めるトップクラスの加盟店も参加しているため、高度な技術や顧客とのやりとり、トラブルなどの切実な悩みにも的確な回答が返ってくるのだ。

加盟店間の自由な発想やコミュニケーションなどを活かしたいと、本部はその運営には立ち入らないスタンスだが、小比田社長をはじめ本部の社員たちも1メンバーとして参加している。

これら「加盟店が情報共有して売上を上げるためのツール」を充実させていったことが効果をあげ、徐々に加盟店の売上は上昇に転じていった。

実績をあげる人は、まずコミュニケーション能力が高いという。顧客の要望に熱心に耳を傾け、本当に望んでいることを的確に探り当て、丁寧な仕事で高い顧客満足をもたらす。

もう一つ、学ぶ力も大きな差となって表れる。

「私が加盟店様に言い続けたのが、『儲けるためにお客様に高価なものを勧めるのではない。お客様に満足していただくために、商品の価値を学んで勧めよう』ということです。確かに安い材料はありますが質もそれなりで、1年ほどしたら陽に焼けてしまう場合もあります。持ちのいいものは確かに高価ですが、何年も使えばその良さがわかってくる……。その価値をどれだけ伝えられるのか。そのためにはしっかり勉強しなければなりません」と話す。

「襖の張替」技術そのものもそうだが、襖、障子、網戸、より大きなリフォームやそこで使われる資材について絶えず情報を取り、勉強を続けている人が大きな実績をあげている。

逆に勉強を続けていなければ、資材の価値はわからず、安いものばかりを勧めてしまうことになる。その結果、顧客満足は満たされずに、次の仕事にもつながらない。「少額の仕事から始めて、信用を得て大き

「絶えず情報をとり、勉強をし続けること」これらの術を身に付けることが成功への道だという。

な仕事へ」という道は誰にでも開けてはいるが、実際にものにできるかどうかは、普段から腕を磨き、知識を吸収し、それを伝える術を身に付ける努力をしているかどうかにかかっている、というわけだ。

２０１７年春、取締役社長に就任した小比田社長は、その後も本部機能の充実に努め、２０１７年度、金沢屋を黒字に転換することに成功した。

続々とニーズに対応した新しいフランチャイズ事業を展開
目指すのは〝出張型〟ビジネス・モデル

２０１７年、新しいフランチャイズが始まった。KABECO《カベコ》は、クロス（壁紙）の張替の専門店だ。

小比田社長のパワーの源泉 キックボクシング

部活みたいに
息が切れるほどやっています

「ウエイト・トレーニングはもう10年以上もやっています。いつも目標を立ててやっていたんですが、鍛えた筋肉はどう使えばいいのかわからないし（笑）、少しマンネリにもなってしまって……」。

小比田社長は、小中高とバスケットボールを続け、すべてのキャリアでキャプテンも務めた。チームプレイには自信はあった。が、あえて挑んだのが、なんとキックボクシングだった。

「でも殴られたり、蹴られたりするのは痛いからイヤですね（笑）」。そう思ってミット打ちや、サンドバッグを相手に蹴り込むなどの単独トレーニングに打ち込んでいたのだが、元来「目標」を持ち常にステップアップしていかなければ気が済まない性分。上を上をと目指しているうちに、いまではスパーリングをするほどまでに上達した。

「とにかくこの歳（30代後半）になって、学校の部活みたいに、息が切れるぐらいやっていますよ」。

「仕事は遊び、遊びは仕事」。仕事も遊びもなんでも真剣に取り組み、かつ楽しむ。その信条と姿勢がここにも表れている。

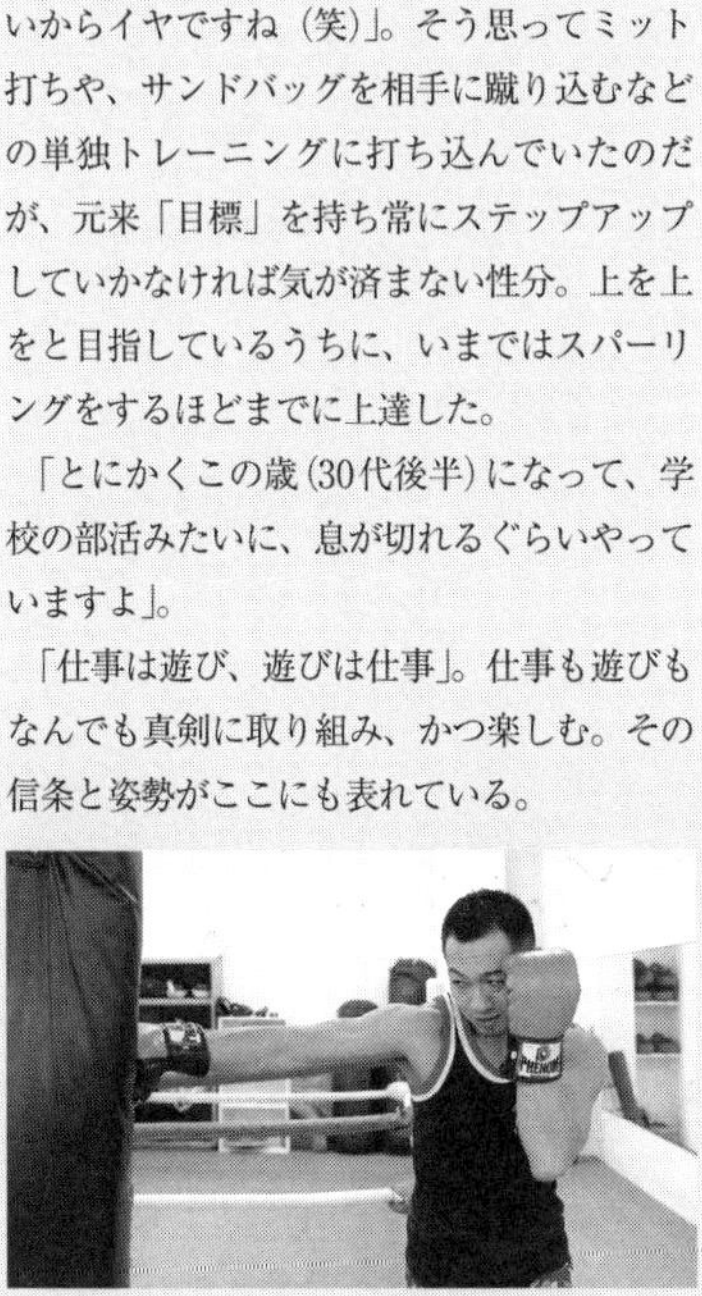

グループ会社の株式会社ひととなりが運営している。「金沢屋が和室向けなので、洋室のためのブランドの一つとして作ったのが、KABECOです。特徴はオーダークロスが作れること。写真やデザイン画のデータを用意していただければ、1平米からオリジナル・クロスを作ってプリントできます。オーダークロスの制作は他社でもやっていますが、制作から施工まで一貫して行えるのはKABECOだけです」と、小比田社長は胸を張る。

張替本舗金沢屋と違うのは、和室だけでなく、洋室に大きな需要があることだ。しかも一般家庭ばかりでなく、オフィスでも十分に需要はある。いまはリフォームやリノベーションが大きなマーケットとなりつつあり、その入り口としてクロスの張替を希望する家庭は多い。これから期待がもてる分野だ。

加盟店は現在まだ15店舗だが、現段階では通常のクロスを用いた張替工事を望むケースがほとんどだ。いずれはこのオーダークロスなどの付加価値の高いサービスが大きく評価されると考えている。

もう一つ、2018年11月に立ち上げたばかりのフランチャイズ事業が、家工房だ。高齢者向けの便利屋さん「御用聞きビジネス」だ。庭樹の剪定や草取り、エアコンの清掃など、一般家庭での要望、「生活上での困ったこと」ならば何でも引き受けてくれる。

「電球の取り換えも100円から行っています。家工房は、家の中に入っての仕事が多いので、ご利用される方にとっては、『どんな人が来るのか』ちょっと不安なところがあります。まず、電球を1つ取り換えるところから始めて、よく人物を見ていただく。信頼していただければ、他のサービスも利用していただけるようになるでしょう」と話す。

春から夏にかけては草むしりが多く、梅雨時から夏の終わりにかけてエアコンの掃除、11月から12月にかけては換気扇の掃除が多い。地方によっては、冬は雪かきなどの注文も入る。仕事は実に多彩だ。重いものを持ち上げる、屋根の上に登る、梯子を上がる。若い人ならば難なくできることでも、高齢者の人にとっては大きな負担だ。この「生活上での困ったこと」のすべてに対応する。

家工房を利用しているうちに、障子の破れが気になったり、壁紙を張替えたくなれば、同地域で展開している張替本舗金沢屋やＫＡＢＥＣＯの加盟店仲間に声をかければいい。たった一人で張替本舗金沢屋とＫＡＢＥＣＯ、家工房すべての加盟店になることも可能なのだ。

「これから必要とされるのが〝出張型〟のビジネスです。それに携わる人間をどれだけ増やせるか。入り口はどこからでも構わないと思っています。お客様から信用を得ることができれば、そこから無限大に仕事は広がっていくでしょう」。

KABECOを利用して最高の脳と感性を育てる

オリジナル・クロスを制作して自分仕様の店舗デザインに

脳外科医であり、しかも、デザイナー。原色を大胆に使ったファッションやシューズ、なんでもデザインするのが「カラフルデブ」を自称する“Dr.まあや”だ。

デザイナーとしてマンションの一室を自宅兼アトリエとして活動の拠点としてきたが、2018年2月、東京都文京区のJR巣鴨駅から徒歩8分のところに初めてのショップをオープンした。そこの壁一面に使われているのがKABECOのオーダークロスだ。

異色さはショップの10m手前からでもはっきりとわかる。曼荼羅《マンダラ》に見えるのは、自分の内蔵をCTスキャンで輪切りにした映像を並べたものだ。身体を右・左・正面・縦割り・横割りにしたシルエットが衆目を惹く。

店内には彼女がデザインした服や雑貨が並ぶが、空間そのものが巨大なアートだ。おじいちゃん、おばあちゃんたちの街・巣鴨では、特に異彩を放っている。

Dr.まあやの目指すところが「おもしろさをまじめに追求する」こと。小比田社長の「仕事は遊び、遊びは仕事」とシンクロする。

目指すのは、いつでもどこでも「生活上での困った」を解決する社会のインフラだ。そのためには、いつでもどこでも、それぞれの家庭にすぐに駆けつけるためには、全国で少なくとも千店は必要と小比田社長は考えている。

張替本舗金沢屋では、5万世帯ごとに、加盟店を1つ配置できるように試算しているが、実質的には、全国で500店舗と見込んでいる。KABECO事業はマンションやオフィスでの需要が高いと想定している。家工房は、張替本舗金沢屋やKABECOの事業以上にニーズがあるはずだ。これら張替本舗金沢屋、KABECO、家工房のビジネスモデルの他にも、今後もやはり「生活の困った」を解決していく新しいフランチャイズ・サービスを立ち上げていくという。

「ありそうで、実はなかなかないのが当社のビジネスです。真似できそうで、実はできない。簡単にできそうで、実は難しい」と小比田社長は市場分析しているという。

加盟店と、その先にいるエンドユーザーのことをまず第一に考える。特に高齢者を想定して「生活の困った」を解決する。そのために本部機能をより充実させて、加盟店に喜んでいただくためのツールを幾つも用意していくことを自らの使命としている。新たな時代の社会インフラを築くという明確な目標と「喜楽好信」の実践。その魅力に多くの人たちが気づき始めている。

「私もあらためて気づいたのですが、これらの〝出張型〟ビジネスは、まだまだ伸びしろがあります。加盟店様にさらにいろいろなツールを提供していければ、もっと多彩な事業モデルを創りあげることができるでしょう」と、小比田社長は熱く語る。

さらに多くの人たちに、金沢屋、KABECO、家工房の存在と機能を知ってもらいたい。そしてその便利さにも気づいてほしい……。

これからの時代の需要に合致した「新たな社会インフラ事業」を目指す、地域密着〝出張型〟ビジネスは、今まさに始まったばかりだ。

「出張型ビジネスは
まだまだ伸びしろがある事業へと育つ」。
これから先の時代を
確かな視点で見据えて
新事業体を構築していきたいと
小比田社長は語る。

社名	株式会社うちすけ UCHISUKE Co., Ltd.
本社所在地	〒103-0021 東京都中央区日本橋本石町 3-1-2 FORECAST 新常盤橋 11 階 Tel　：03-6777-0045 Fax ：03-6777-0047 URL：https://uchisuke.com
代表者	代表取締役社長　小比田 隆太
設立	2013 年 12 月
資本金	900 万円（2019 年 1 月現在）
事業内容	フランチャイズ事業　建築事業

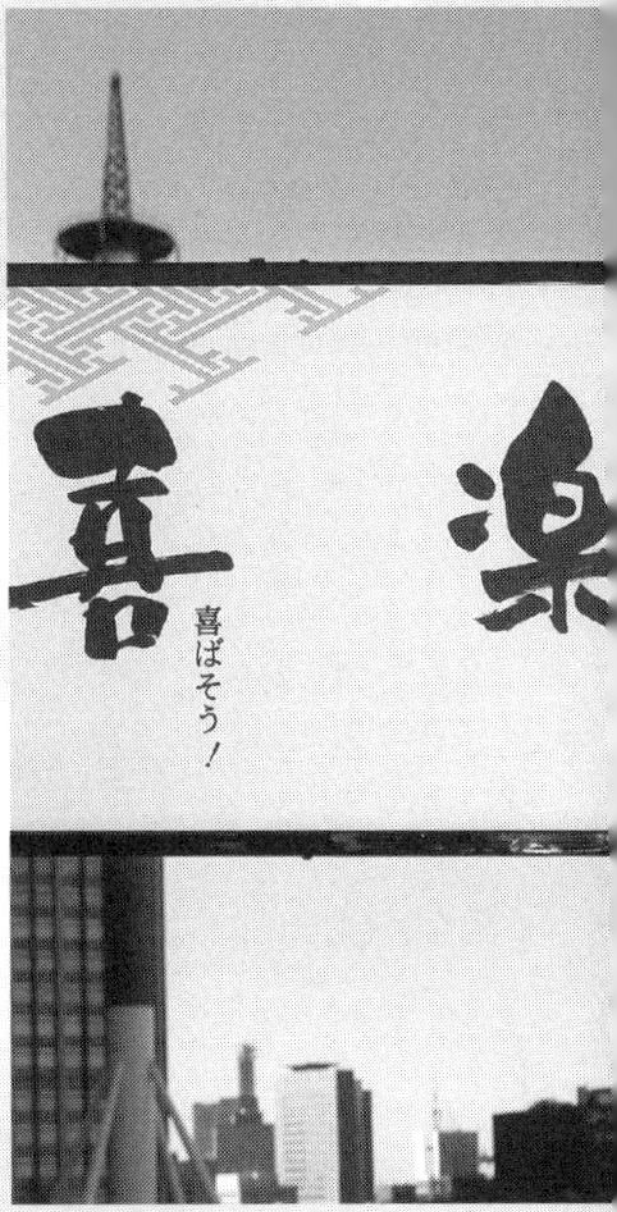

株式会社エンライズコーポレーション

現在、ITはすでに我が国や地域の重要なインフラであるばかりか、ライフラインでもある。

この掛け替えのないシステムや設備を護るエンジニアの恒常的な不足を補う人財の教育と育成は、喫緊の課題だ。

この課題に対処し、働き手に夢と理想をもたせるアントレプレナーが登場した。

彼らが繋げる縁がやがてサークルを創り、明日の日本と地域社会を形づくっていく。

ITエンジニアをゼロから発掘・教育し
業界の人財育成と地域社会貢献を推進する

ESSENTIAL INNOVATOR

ICTは、いまやその国の豊かさと同時に、民度を図る尺度でもある。
日本のICT業界に於ける恒常的な“人財”不足は
そのままシステムや設備の運用・保守・管理の脆弱性となり
企業、特に中小の企業でのリテラシーやセキュリティは
ほぼまったく機能していないという現実を露呈している。
この大問題に立ち向かい
IT技術者を自ら発掘・教育・育成している企業が登場し
急速度で優秀な人財を世に輩出し、業域と業容を拡大している。
人と人との“縁”を繋ぎ、地域をも巻き込む“円環”を描いていく。
その近未来構想と細やかなマネジメント手法を、CEOに訊いた。

IT〝人財〟を育成して地域社会に貢献する

人材不足がますます深刻になる日本。この課題を解決していくためには、テクノロジーの活用が必要不可欠です。

それを担うのがIT人材ですが、その人材も絶対的に不足しています。

IT人材を育成し世の中に輩出していくこと。これが、エンライズコーポレーションのミッションです。

優秀なITエンジニアを多数育て、世の中に必要とされる事業を、喜ばれるサービスを、仲間たちと共に創っていきたい。

各地で〝人財育成〟を実現し、地域の人たちが求める、必要とされる事業を展開していきます。

株式会社エンライズコーポレーション　代表取締役 CEO

Top Message ―― ago katsuhiro 吾郷 克洋

〝人財育成〟を根幹とし、種々多彩な業域でICTソリューション事業を展開。〝シェアオフィス〟で地域社会との連携を図る。

これからの時代を生きる人材の基本的なインフラとなるIT技術と知識をゼロから教育・育成し、チームワークを基盤としたOJTでさらにブラッシュアップ。人との〝縁〟を起点として地域社会と人との恒常的なサークル〝円〟を推進していく事業を興す。

「この5年間、最も力を入れてきた事業がエンライズアカデミー（ENRISE Academy）で、ずばり人財の育成です。いずれは日本全国へと広げ、地域のために貢献したいという若者たちにITという専門性を身に付けてもらいたい。いまはその基盤づくりのために走り回っています」。

東京都渋谷区代々木に本社を置くエンライズコーポレーション。2012年8月の創業以来、ICTソリューション事業、HRバリュー事業、ベンチャーバンク事業の3つの事業によって、急成長を遂げてきた企業だ。5年連続して「ベストベンチャー100」に選ばれ、『フィナンシャル・タイムズ』誌による「アジアの急成長企業1000社（FT 1000：High-Growth Companies Asia-Pacific 2018）」にも選出された、いま注目を集める企業だ。

3つのメイン事業はさらに8つに分かれるが、中でも、ITエンジニアを養成するエンライズアカデミーが、全事業の中で「根幹」となる事業だと語るのは、吾郷克洋代表取締役CEOだ。

現在、東京本社のほかにオフィスを置く札幌、仙台、大阪、広島、福岡、さらにアメリカ西海岸シリコンバレーなど、全8地域で人材を採用し、東京本社で集中的に研修を行い、約2ヵ月をかけてITエンジニアを養成している。

これまで各地から採用し研修を実施してきた人材数は、年間で約40人。エンライズアカデミーを立ち上げて以来、5年間で200人にものぼる。

現在、そのうちの大半がエンライズコーポレーションの正社員となって、ITエンジニアとして継続して活躍している。

世の中にシステムの開発や構築に関わる会社は多数存在するが、エンジニア人材の需要は常に流動的であり、雇用には熱心でも〝人財の育成〟を「ゼロ」から行おうという企業は、非常に少ないのが現実だ。

吾郷CEOは、なぜエンライズアカデミーにこだわり続けるのか。また、あえてゼロスタートからのエンジニア育成に、それほど力を注ぐのだろうか……。

〝エン〟とはお金の円ではなく人との〝縁〟を大切にする

吾郷CEOが初めて会社を創ったのは2000年、彼が25歳のときだ。知人と共に会社を立ち上げたが、運営をめぐって意見が合わず、2年後の2002年、吾郷CEOはエンライズソリューションを設立した。その名の通り、ITで課題解決を行うソリューション企業だった。

「社名の〝エン〟は、その当時はお金の〝円〟。事業を成功〝ライズ〟(上昇)させていくつもりで必死に取り組んでいました」と、吾郷CEOは当時を振り返る。

一時は成功を収め、高級マンションに住めるほどまでにもなったが、やがて経営は苦しくなり、結局はうまくいかなくなった。

「そのとき気づいたのが、お金の〝円〟はあくまで結果であるということ。いろいろな人たちに喜んでもらい、その成果・対価として受け取るのがお金。そこで社名もエンライズコーポレーションと変更しました。

まず人との〝縁〟を大事にしていくこと」をミッションとし、会社を一新し立て直しを図っていったと話す。

2012年8月。現在のエンライズコーポレーションを立ち上げたときには、彼の考え方は、過去の自分からすっかり脱却し変わっていた。社名は似ていても〝エン〟の意味がまったく違っていた。人との〝縁〟を大事にすることはもちろん、常に助け合いの心〝援〟をもち、仕事も私生活も楽しもうという〝宴〟、さらに高い技術力をもつエンジニア集団を目指そうという、これらの〝EN〟を社名に込めた。

そしてもう一つ、吾郷CEOが変えていきたいと思ったことがあった。

「IT業界のイメージです。僕にとっては殺伐としていて厳しい世界に見えました。先輩たちは若い人の面倒を見ない。教えるということがありません。世の中には、最新のテクノロジーを導入して新しいサービスを生み出そうという企業がたくさん登場しているのにも関わらず、ITエンジニアは慢性的に不足していた。しかし、人を育てるという環境が圧倒的に足りていませんでした」。

吾郷CEOが見たITエンジニアの大半は、自分の技術を磨くことだけに熱心で、仕事の場は荒涼としたものとなり、たとえチームを作っても、他人の面倒をみることはなくチームワークは成り立ち難かった。その結果、希望をもってこの世界に入ってきた若者た

エンライズアカデミーでの研修は2ヵ月間
共同生活をしながら続けられる。

吾郷CEOは、自ら得た気づきと教訓を起点とする。

ちは、この現状についていけずに、やがてIT業界を去っていく者は後を絶たなかったという。

エンライズコーポレーションを興し、再びIT事業を始めようとしたとき、吾郷CEOが人財の育成を第一番にしようと決意したのは、こんな世界を体験してきたためだった。

起業から1年後の2013年、エンライズアカデミーを立ち上げると、さっそく全国から人材を集め始めた。採用したのは「意欲の高い人」。当たり前のようだが、いわゆるただの勉強熱心な人とは違う、何かをやり遂げたいという強い意欲をもつ人。家族を喜ばせたい、何か一つのことを成し遂げて自信をもちたい。あるいはひと儲けしたいでも構わない。何がしたいのかがはっきりわからなくても、どこかに秘めた意欲をもっている人たちを探しては、こう訴えかけた。

「インターネットの爆発的な普及から始まり、今では誰もがスマホを持つようになったことからでもわかるように、この10年、20年で世の中は大きく変化・変貌を遂げてきた。これからも同様です。現在の生活になくてはならないものを支えているIT業界で、専門的な技術と知識を身に付け磨いて、自分自身が想い描く理想の未来や夢を自らの手で実現していく。また、自分が生まれ育った地域社会のために貢献していくようなことをやってみませんか」と語り続けた。

やがて大学卒ばかりでなく、高校卒、専門学校卒の様々な人材が集まってきた。転職者や、いったん就職した後に次の転職先を考えている第2新卒者なども いた。全国でいろいろな経歴をもつ人たちと面接し、次々と採用していった。その後、東京に上京させ集中的に研修を行っていった。

研修内容は、ビジネスマインドやマナーの講座から始まり、コンピュータやネットワーク、サーバの基礎技術、実践的な技術、システムの構築などＩＴ関連の知識やノウハウをみっちり詰め込んだカリキュラムを組んだ。約2ヵ月をかけて研修した後は、学んだことを発表したり、自社独自で設けた「検定制度」によって力を試す。合格すれば、エンライズコーポレーションのエンジニアとして、実際の業務に就く。その後もフォローアップ研修を続けていくこととなる。

研修内容のタイトルだけを見れば他の多くのＩＴ関連企業の研修内容と大きく変わらないようにも見える。だが、研修生を支える数々の制度にエンライズコーポレーションの方針と理念が表れている。

まず、研修中から給与が支給されることが大きな特徴だ。授業料を徴収して同種の講座を開催しているスクールは多いが、わざわざ給与を支払って研修を準備・実施する企業は少ない。

「地方から東京に出て来ようとする人は多くいますが、まず、何をするにもお金がかかります。研修期間は約2ヵ月。生活するだけで精一杯では、勉強に集中し、落ち着いてやっていくことはできません。そんな不安を払拭したかったんです」と吾郷ＣＥＯは、研修生が抱える切実な事由を説明してくれた。

希望者は、会社近隣に会社が借りたシェアハウス「寮」に入ることもできる。本社近隣に会社が用意したシェアハウスがあり、そこで共同生活をおくる。また研修室にはキッチンがあり、全員で昼食を作って食べられるようにもしている。いずれも金銭的な負担を減らすためだが、実はそれだけではない。

「ランチをみんなで作って食べるんですが、中にはこれまで包丁を握ったことがない人もいます。でも、そんな人たちも一緒になって作ります。誰が何をするのか分担や当番を決める必要があり、そこでは当然、コミュニケーションが生まれます。自分たちで作ったものを口にすれば、『今日はおいしかった』とか、『ちょっとマズかった』とか、『明日は何にしよう?』

という会話もすることになるでしょう。それを2ヵ月間続けます。『同じ釜の飯を食す』という感覚と、その時間を共有する場から、仲間の大切さを感じて欲しいんです」と吾郷CEOは、自身の胸の中を明かしてくれた。

すべての行為が「チームワーク」のためなのだ。

晴れて正社員となり、エンライズコーポレーションで働き始めた後も、会社では数多くのイベントが用意されているという。

毎月、会社主催の懇親会をはじめ、チームごとの飲み会なども盛んに行われている。食事は昼食同様にみんなで作ったり工夫することが多い。社員旅行も盛んだ。国内の温泉や観光地などはもちろん、希望者を募って海外旅行に出かけたこともある。その他、フットサル部などのクラブ活動も盛んだ。

会社では山梨県の南アルプス市に自社の畑を所有していて、そこで農業体験も行っている。研修の一環として、みんなで種を蒔き育てた農作物を収穫、料理し、一緒になって食べる。こういった物事の一連の流れや全体像を知ることで、日々の業務においても常に全体を見るようにして欲しい。そのような意図から始めたという。

「ここは、富士山も見えるとても景色のいい場所なので、定期的にバーベキューもしています。『バーベキューは初めてだ!』という社員も多くいて、『ホントに!?』と驚きましたが、『こんな機会がなかったので』と言われて、そういうものかと。過ごしてきた時

弾けるときは、思いっきりみんな一緒に愉しむ。

代や環境が違うからなのだと気づきました。ところが始めてみたら、みんな『こんな大自然の中で食べるとおいしい！』とか『火を焚くって面白いよね』とすごく喜んでくれました。こういう場を創ることで気づきが起こり、学びも生まれるのだなぁと、そのときつくづく思いました」と、吾郷CEOは染《し》み染《じ》み語る。

エンライズアカデミーで研修の講師を務めているICT事業部人財育成部マネージャーの橋本明子さんは、「仲間と共に過ごす時間の中で価値観を共有できるということは、仕事のやり易さにも繋がっていきます」と、数々の催しによって生まれる社員同士の触れ合いは、実際の仕事の場で役立っていると話してくれた。

技術もチームワークも備えた〝人財〟が担う3つのICTソリューション事業

このようにしてエンライズコーポレーションでは、約200人の社員のうち、150人がエンライズアカデミー出身者で占めるところまでに至った。

ユニークな人財が揃いつつある。大卒ばかりでなく、高卒、専門学校卒。当然、学歴に関係なく意欲をもつ人が集まってきていることはすでに述べた通りだが、転職組も数多く、営業や事務職など、前職はITとは無関係な人たちも多い。ITエンジニアになるからといって理系だけでなく文系も多く、そして女性が多いのが大きな特徴でもある。エンライズアカデミーで学ぶ研修生たちも、また、エンライズコーポレーションで働く社員も、現在、女性が4割ほどを占める。

これらのITエンジニアたちによって支えられているのが、エンライズコーポレーションのICTソリューション事業だ。

現在、ICTソリューション事業は3分野に分かれている。1つがSES（System Engineering Service）だ。主に大手企業を顧客とし、システムやネットワークの企画・設計から始めて、構築・運用・保守までを担当する、多くの場合、顧問先企業に常駐して、つきっきりでシステムの面倒をみる。勿論、24時間体制で異常時に備えることも多い。

次に2つ目となる、「受託・持ち帰り型」のSI(System Integration)だ。主にITインフラを軸としたネットワークやサーバの構築・運用を強みとしているが、ここ最近では、業務効率化やセキュリティ強化などの依頼が増えてきている。現在、最も注目を集めている分野がオフィスワークを自動化して効率化を図る仕組みのRPA(Robotic Process Automation:ロボティック・プロセス・オートメーション)だ。

エンライズコーポレーションでも、2019年1月からRPAツールを用いた業務効率化のための提案を開始した。すでにある製造業で、総務・経理・人事などの間接部門でのペーパーワークの自動化、効率化に向けたソリューション事業を進めている。

一例として経理の場合、全社員分の外出や出張における交通費精算をチェックするとなると、多大な時間を費やすこととなり、担当者への負担も大きなものとなる。この業務をロボットに任せれば、大幅な時間の節約が実現できることとなる。


「この会社では、単調な作業を自動化することで時間を捻出し、そこでできた時間で、人がやるべき仕事に専念できるようにしています」。

RPAは、ともすれば人手を減らすためのものと思われがちだが、捻出した時間で〝人にしかできない〟仕事、最も創造的な仕事に力を入れるべきであるというのが、吾郷CEOの主張だ。

そして、続く3つ目のICTソリューション事業が、Shared Service(ITエンジニアのタイムシェアリング)だ。これは、主に中小企業や小規模事業者を対象に、文字通り、ITエンジニアを時間貸ししていくという仕組みだ。

「たとえば一般的な社労士事務所では、情報システム部門のような専門部署がないのは普通のことです。少しパソコンの操作に長けた社員がいろいろな作業を行っているのが現状でしょう。しかし、そこでマイナンバーを扱わなければならなくなったとしたら、個人情報が漏洩しない堅牢なシステムが必要となります」と、吾郷CEOは説明する。

セキュリティを強化するためには、それらを作れるITエンジニアが必要になる。だがシステムを作るだけではない。その他、取り組まなければならない課題は多々あり、情報の扱い方のルールを定めるなど、運用をサポートしてくれる「ITアシスタント」的な仕事もShared Serviceの業務になってくるという。

今後、Shared Serviceはエンライズコーポレーションならではの業務スタイルになっていくことが想定されているという。

顧客常駐型のSES事業は、24時間体制での対応が求められることも多く、社員が突然、急病になったり、育児に追われるような事態が起きれば、このような仕事に専任で就くことは難しくなる。だが、何人かのエンジニアがチームとなり、ある時は先方の事務所に出向き、また本部で必要なシステムを開発したり運用サポートをしたり、チームで業務を分担しながら進めることができる。

「現在、女性社員の採用が多くなってきています。すでに産休に入った社員もいますが、このように働き始めて数年経てば、ライフスタイルが変化することは十分に考えられます。そのようなときにも対応し易いワークスタイルを整備していきます」。

こう語るのは、エンライズコーポレーションCMOの當麻優《とうまゆう》さんだ。

また、ICT事業部営業推進部で営業を担当する松

エンライズコーポレーションのスタッフは、常に笑顔を絶やさない。
心にゆとりがあることが、共同体の最大の強みを発揮する原点だ。

林桃子さんもこう話す。

「私自身もこれから結婚したり、出産したりする可能性がありますが、このように環境が変わったときにでも、パソコン1台、スマホ1台で仕事ができるのが、ITならではの利点です。ITエンジニアとしての働き方はもっと自由になっていくことでしょう」と、その期待を語ってくれた。

Shared Serviceは、チームワークの育成を図ってきたエンライズコーポレーションが、近い将来、特に力を発揮できる分野になっていくということだ。

仙台にある“enspace”から始まる○○。

仙台で出会った人たちの熱気から ビル1棟を買い取って “enspace（エンスペース）”をオープン

「3年前に初めてシリコンバレーに行ったのですが、この地からグローバルに通用するサービスが数々生まれてきたことを思うと、本当にワクワクしました。シェアオフィスやコワーキングスペースからスタートして、一躍成功して、ユニコーン企業となって巣立っていく……。それを夢見る人たちがここにはたくさんいて、その溢れ出る熱気と空気感に、もの凄く刺激を受けました」と、吾郷CEOは目を輝かせた。

吾郷CEOは、自分でもさっそくシリコンバレーのシェアオフィスの1室を借りることにした。何をするかまでは、まだ決めてはいなかったが、一つのことに集中し向かっている同じ環境、熱気の中にいたかったという。

日本に帰り、シリコンバレーで感じた熱量をもつような場所を探したが見つからなかった。しかし、その場所になりうる可能性を感じたのが仙台だったという。

国内の拠点を充実させたいと全国を見渡したとき、東北が空白地域だった。広島出身の吾郷ＣＥＯは、西日本には土地勘があり、東京でも何年か仕事をしてきた経験から、何かをするにもその感触は掴めた。だが、東北だけは未知の領域だったのだ。実際、エンライズアカデミーの採用でも、これまで東北だけはゼロのままだった。

必要な時にだけ、足を伸ばすだけでは足りない。実際にオフィスを構えて活動を始めなければ……。宮城県仙台市にオフィスを構えるつもりで現地に向かった。そのときに、今後の方針を大きく決定づけるほどの体験をする。

「出会う人たちの熱意に打たれました。震災にあっ

コーポレートカラーのオレンジは東京タワーの色

「広島から初めて東京に出てきたとき、やっぱり寂しかったんですよね。意欲をもって出て来たつもりでも、人はたくさん居過ぎるし、人間関係は希薄だし。最初に小さなシェアオフィスを借りたのですが、数ヵ月経つとだんだん仲間が増えていった。みんなでご飯を作ってビールを飲んで……。『将来はこんなことしようぜ！』と語り合って、それでずいぶんと救われたんです」。

昼食を自分たちで一緒に作って食べて……。チームワークを最重視する現在のエンライズコーポレーション。IT業界のイメージを変えたいという吾郷克洋CEOの動機をさらに遡れば、東京で孤軍奮闘してきた自身の体験に行き着く。

エンライズコーポレーションのコーポレートカラーはオレンジ色だが、それは、吾郷CEOが東京で初めて見た東京タワーの色だ。希望に燃えつつ不安も寂しさも抱えていたあの頃。その後は成功も失敗も体験した。この経験からも、仲間と一緒に常に励まし合い、語り合いながら、これからの社会や世界の動きに向き合っていきたいと話す。

たことで、東北全体を盛り上げていこう、変えていこう。外の人たちの力を借りてでも、何かをやっていこう。そんな非常に熱いものを皆がもっていたのです。激しい痛みを体験したからこそ、そんな気持ちが強くなっていったのでしょうか……。これほどの多くの人たちが自分の力を発揮しようとしているのならば、それを集結させるような、東北に〝シリコンバレーのような熱気のある場〟を創れれば、そう思ったんです」と、吾郷CEOは話す。

吾郷CEOの「古琴之友」當麻優CMOは、エンライズコーポレーションのスタッフの居住まいや心身の健康状態、仕事ぶりなどを常時、沈着冷静に見守りつづけている名参謀だ。

エンライズコーポレーションとして自社のためのオフィスを出すだけではなく、多種多才な企業がオフィスを出せる〝シェアオフィス〟そのものを創ってしまおう……。

仙台市の中心部、江戸時代は商業の中心であり、いまも歴史的な面影が数多く残る青葉区の国分町《こくぶん》に7階建てのビルを見つけると、地元の銀行から融資を受けて1棟買い取り、リノベーションを施した。2018年6月、東北最大規模のシェアオフィスとしてオープンさせたのが〝enspace（エンスペース）〟だ。

個室のオフィススペースが46室、個人でも使える固定デスク約40席、そのほかに自由にデスクが使えるフリースペース、打合わせや作業で約100人が使えるコワーキングスペース、数人から42人まで収容できる大小全部で12の会議室、大型スクリーンやプロジェクターを備えたプレゼンテーションスペースなど、オフィスワークに必要なすべての機能を備えている。

単独でもスムーズに企業活動を行えるだけではない。他の企業や組織の人たちとも顔を合わせ切磋琢磨していけるのもシェアオフィスの大きな特徴だろう。オープンから10ヵ月経つ現在（２０１９年４月）まで、入居者を中心とした「ｅｎｓｐａｃｅビジネス交流会」が４回開かれた。地元東北の企業はもちろん、他地域から東北に進出した企業が一堂に会し、東北と日本の将来について語り合ったという。

目指すは「○○×ＩＣＴ×グローカル」今後、「○○」に何を入れていくか!?

「日本全国にエンライズアカデミーを設置し、地域で活躍するＩＴエンジニアを育て、地域貢献に繋げていくことが、将来の構想です」と吾郷ＣＥＯは近未来

豊富な紙種でカテゴリートップを狙う『名刺良品』

エンライズコーポレーションがネットで展開している事業の一つが「名刺良品」だ。その名の通り、名刺印刷サービス事業だ。Webサイトでデザインを選んで、名前や住所など必要な情報を入力し、後は注文すれば、完成した名刺が郵送されてくる。両面印刷100枚で500円からという格安値段と手軽さが人気だが、大きな特徴が豊富な紙種を揃えていることだ。

「名刺は紙質を替えるだけでも、大きくイメージが変わります。今は約80種類の紙種を用意しています。これは現在、日本ではトップクラスでしょう」と吾郷CEOは語る。

最近、加えた紙の一つに「東北コットンCoC 180kg」がある。東北産の綿の茎から採った繊維を漉き込んで製造された紙だ。柔らかな風合いが好評だという。

2018年、仙台でenspaceをオープンして以来、東北に足を運ぶ機会は多くなった。震災からの完全復興を目指し、地域をより活性化して盛り上げたい。これも東北の企業とのコラボレーションの一つの成果となっている。

に向けた彼の構想を語る。

仙台のｅｎｓｐａｃｅはその皮切りになりそうだ。すでに1室は、エンライズコーポレーションの仙台オフィスとして、東北で人財の採用を進め、その研修のためのエンライズアカデミーの会場として使っていきたいという。現在、エンライズコーポレーションでは、国内で4地域、シリコンバレーを含めると5地域でオフィスを展開し、実際にエンライズアカデミーを採用の拠点としているが、将来は各地域でも研修を行い、地域に貢献する事業の拠点にもしていきたい、という事業構想をもっている。

「地域に行けば中小の企業が数多くなります。その企業がもつ課題を、エンライズコーポレーションのエンジニアたちが解決できるようにしていきたい。ビジョンは、『○○×ＩＣＴ×グローカル』です。○○のところに何を入れていくのか。これから全国で採用していく人たち、そして地域をより良くしていきたいと考えている人たちと一緒になって探していきたいです」と、吾郷ＣＥＯはその夢と構想を膨らませている。

南アルプス市に自社所有する畑では、自家栽培する新鮮な野菜を育てている。収穫した最高の食材を皆で料理して一緒にいただく。大自然に抱かれて、日頃の疲れやストレスが雲散霧消する瞬間だ。

人財育成を根幹に、シェアオフィスという場を整えて各地域の課題に向き合っていく。大きく事業の枝葉を広げていこうとしているのが今のエンライズコーポレーションの姿だ。各地で意欲をもった人たちが出会い、その夢が重なり合ったとき、どのような〝エン〟から相乗効果と成果が生まれていくのだろうか。〝エン〟がどのようなサークル〝円〟を描いていくのか、その未来像に、ぜひとも期待したい。

吾郷CEOが座る個室の外壁には
ロサンゼルス市の
イラストマップが掛けられている。
ウエストコーストの自由闊達な空気感に憧れ
日本にも、ITエンジニアが垣根を越えて
人との"縁"を自由に繋げていける
理想郷の環境を創っていく……。

社名	株式会社エンライズコーポレーション ENRISE CORPORATION INC.
本社所在地	〒151-0053 東京都渋谷区代々木1-43-7SKビル Tel：03-5358-3970 Fax：03-5358-3971 URL：https://www.enrise-corp.co.jp
代表者	代表取締役 CEO　吾郷 克洋
設立	2012年8月
資本金	1,000万円（2019年3月末現在）
事業内容	ICTソリューション事業 HRバリュー事業 ベンチャーバンク事業

株式会社クラブネッツ

〝共通ポイント〟とは、一言で言えば消費者受益の「最大化」となるだろう。
1枚の電子化されたカードの宇宙には、微細な情報がデータ化されて蓄積する。
このデータを巡り争奪戦が起こるとは、発案者は考えたこともなかったはずだ。
いま、新たな挑戦が彼の志から始まる……。

“共通ポイントカード”を発明し進化させ
新たな消費とサービスの架け橋を築く

E S S E N T I A L　I N N O V A T O R

消費者にとって、物品などの購入時に貰える“ポイント”は
“お得感”を通り過ぎ、今では“当たり前”の存在となった。
「共通ポイントカード」は、個店や企業サービスを受ける
最強の助っ人として、消費を左右するほどの力をもつ。
「電子マネー普及」を見据えた「カード戦国時代」にあって
老舗ブランド「CNカード」は、“社会貢献の志”を旗印に
更なる進化と発展を遂げるための「新たな挑戦」を開始する。

Top Message

株式会社クラブネッツ 代表取締役社長
冨安 仁
tomiyasu hitoshi

ビジネスにおいて一番大切なのは「人柄」です

ビジネスは“人と人との人間関係”で成り立っています。

そこで一番重要視されるのが人間性、人柄です。

誠実・素直・謙虚。真面目に向き合ってこそ、初めて人との信頼が生まれます。

いくら頭が良く、能力やスキルに長けていても、嘘をつく、約束を守らない、人を裏切る。そのような人は「良い人財」ではありません。

常に前向きで、誠実、且つ素直で、一生懸命に仕事に取り組む人……。

そして、常に自責の念をもち、自己成長を繰り返すことのできる人。周囲に良い影響を与えることができる人を、私は求めています。

共通ポイントを貯める楽しさを提供し同時に、個店や企業を変え、地域を変えていく。「CNカード」は私たちの暮らしを大きく変える。

全国の各地域で使えるのが、共通ポイントの〝CNポイント〟だ。福利厚生や地域活性化、そして企業ロイヤルティの向上など多種多様な可能性を秘めている〝ポイントカード〟だ。今後は、ポイント付与という役割・機能を超え大きく進化・発展する「カード事業へと変貌」を遂げていく。

グローバルに自動車部品事業を展開するアイシン精機をはじめ、愛知県を中心に国内83社からなる一大企業集団が、アイシングループだ。グループの国内で働く従業員数は約5万人、そのうちの約4・5万人が保有するのが「光南CNカード」だ。このカードはアイシングループの関連会社、光南工業が発行する給油カードである。

光南工業を中心にこの地域では、ガソリンを販売したり、自動車のメンテナンスを行うサービスステーション（SS）を展開している。グループの従業員がその直営SSや全国の提携先SSを利用すれば、料金は給与から自動的に天引きされる。SSでの利用金額に応じて共通のCNポイントが付与され、貯まったポイントはCNポイント加盟店で使うことができる。また、専用サイトからは毎月の利用明細を確認できたり、給油価格やキャンペーン情報などを得ることもできる。

この仕組みを提供するのが、東京都渋谷区に本社を置くクラブネッツだ。「光南CNカード」には、クラブネッツの共通ポイントカードであるCNカードが使われ、給料天引型のCNカードとなっている。

「光南工業からグループ内でのメリットが出せないかという要望を検討した結果、CNカードが誕生し、さらに、中古車のグループ社員向け販売などの追加機能の開発も手掛け、アイシングループ従業員の満足度をより高める福利厚生的な仕組みにもなっています」。

共通ポイントカードが、ポイント付与という本来の機能を超えて、多様に可能性を広げていった、と説明するのは、クラブネッツの冨安《とみやす》仁《ひとし》社長だ。

九州の北西部、玄界灘に浮かぶ南北17km、東西15kmの壱岐本島とその周辺の属島からなるのが、長崎県の壱岐市。約2万7千人の人口のうち、4割近くの1万人が保有するのが「壱岐くるCNカード」だ。市内の約30店舗で利用できて、利用時に共通ポイントが貯まることはもちろん、貯めたポイントの5%が自動的に壱岐市に寄付され、市の図書館やボランティアグループへの助成、市立一支《いき》国博物館の管理費、社会福祉協議会のために使われている。壱岐市では地域活性化のために「壱岐を元気にする応援プロジェクト」を展開しており、その一環としてこのカードは発行された。

その他、スポーツ団体においては、CNカードをファン作りのために活用しているという。福島県いわき市を本拠地とするプロサッカークラブ「いわきFC」で、ファンクラブ『LOVE IWAKI』の会員のために発行しているのが「LOVE IWAKI CNカード」だ。公式試合への来場やいわきFCパークでのショッピング時にこのカードを提示すればポイントを獲得でき、貯めたポイントに応じてイベントに参加できたり、ショッピングで割引も受けられる。「いわきFCをもっと応援したい」、そんなファンのためのツールだ。

現在、クラブネッツのCNカードの累計発行枚数は1千万枚を超える。

〝共通ポイントカード〟という呼び名からもわかるように、一つの店舗やチェーン店だけでなく、1枚のカードで数多くの店で買い物をする際に、共通ポイントのCNポイントを貯めることができる。例にあげたように、ガソリンスタンドやSSではもちろん、飲食店、物販店、美容室、携帯ショップ、フィットネスクラブ、ホテルなど、あらゆる業種・店舗で導入されている。最近では、各地のガス会社が使用量に応じてポイントを付与する例が目立ってきている。2017年の「ガス供給の自由化」以来、企業間競争が激しくなり、各社とも、顧客の囲い込みを図っているためだ。

CNポイントは、Tポイントや楽天スーパーポイントなど、全国規模で展開する他社のポイントとも交換ができるので、CNポイントの加盟店ばかりでなく、これら全国規模のポイント加盟店で、貯めたポイントを次の買い物時の割引に使ったり、商品と交換したり、多種多様な加盟店が提供するサービスを受けるために使うことができる。

また、カードには非接触型のICチップが内蔵され

「CNカード」は、時流の動きと共に変化し、進化できる機能と仕組みをもっている。

ており、様々な機能を持たせることも可能だ。

京都のビジネスホテルでは、顧客がチェックインする際にホテル専用のCNポイントカードを手渡す。顧客は、CNカードを自分の部屋のドアにかざせば解錠ができる。CNカードに内蔵されたICチップに部屋のキー情報が入っているためだ。もちろんホテル利用で付与されるポイントを貯めることができ、チェックアウト後はカードを持ち帰り、このホテルの他にもCN加盟店で使うことができるのだ。

CNカードの利用者は、ポイントを貯めたり利用することを楽しめるだけでなく、グループ企業内の従業員としてロイヤルティを感じられたり、地域のために貢献している意識をもてたりと、「プラスαの価値」を得ているところが大きな特徴だろう。離島に限らず、地域全体の個店や企業がいっせいに共通のポイントカード加盟店となることで、買い物のために都会へと向かいがちな地域住民の足を地元商店に向かわせ、購買を促し商店街全体、エリア全体を活気づけようと試みる地域は、現在、数多い。

共通ポイントのハード&ソフトを提供
地域の個店の「総合支援」にも力を

クラブネッツは、このようにCNカードを、各地域や企業、団体からの要請に応じたデザインを施し、独自のカードとして提供している。カードにポイントを付与するための専用端末機など、機能を使いこなすためのハード類も開発して供給する。他のポイントカードにも読み書きができたり、クレジットカードも使える機種、スマホでもポイントを扱えるバーコード読み取り機、店舗での扱いを簡単にしたタッチ専用の機器など、設置する店側のニーズに応じて多彩な機種を揃えている。

単独の店舗や企業が独自のカードや端末を揃え、システムも開発しようとすれば膨大な投資が必要となるが、クラブネッツが提供するCNカードと周辺機器やシステム類を利用すれば、中小・零細企業、あるいは個人経営の店でも、高度な仕組みがすぐに利用できる。個店を支援するソフトの提供も同社の大きな役割だ。

中でも重要なのが、ポイントカードを通じて蓄積される〝ビッグデータの活用〟だ。買い物をしたりサービスを利用すると、利用者にはポイントが付与されるが、加盟店や加盟企業には、利用者の来店情報が自動的にデータ化されて送られてくる。加盟店は、手持ちのパソコンでクラブネッツが提供する専用管理画面『ＭｙＲｏｏｍ』を呼び出し、これらの情報を分析することができる。

「（ビッグデータの活用は）情報は本部が取得してしまい、加盟店では自由に活用できないサービスはよくあるが、加盟店が情報を利用できなければ、せっかくのビッグデータは活用できない。地域の一つひとつのお店で、これらの情報を使えるようにできないのだろうか。当社では、使い易さを追求した個店のためのサービスをここ7～8年、特に力を入れて拡張してきました」と、冨安社長は話す。

『ＭｙＲｏｏｍ』では、利用者の男女比率・年齢比率をはじめ、その属性を整理してわかり易く表示したり、ヘビーユーザーを抜き出したり、また逆に利用が途絶

クラブネッツでは、専用端末機や周辺機器などのハード類
各店側のニーズに対応するソフト、人的なサポートも充実する。

えている休眠顧客をリストアップしたりと、様々なデータを分析して、グラフや表として見易く表示している。そこからわかる顧客の属性や行動特性などと具体的な店舗での利用状況に応じて、効果の高い販促案を打ち出すことができる仕組みを提供している。クラブネッツ本部では、CNカード会員が利用しているすべての加盟店の利用状況を把握できるため、これらの分析データを活用することで、商店街、あるいは地域全体で、最も効果的な販売促進やイベントなどを企画することも可能となる。

「現時点では、そこまではまだできておらず、頻繁に利用してくれる優良顧客に特典を提供したり、休眠顧客に再利用を促すDMを送るなど、ごくシンプルな販促活動に留まっているのが現状です。しかし、兎にも角にもまずは、一つひとつの店舗が自分自身で取り組んでいく。そこが大切なことだと思っています」と、冨安社長は現状を冷静に分析、判断している。

たとえ小さな店であっても、難しいと思われている〝データベース・マーケティング〟や顧客一人ひとりのニーズに合わせた〝ワントゥーワン・マーケティング〟を可能にする仕組みを提供し続けていくことを自らの使命と考えている。

クラブネッツでは2018年、IoTやAIを利用しながらビッグデータを使いこなすツールとして、『天気連動AI販促』を立ち上げた。過去5年間の天気や湿度、風速のデータと、それに対応する来店者数、何が売れたのかという情報との関連性を分析して、予測された天気に対し、年齢・性別・住所などの顧客属性によって、どのような販促を仕掛けていけばよいのかを提案する仕組みだ。

雨が降れば、店への客足は遠のくのが普通だが、雨の予報が出た時点で常連客に、スマホで「雨の日クーポン」を配信すれば、来店を促すことができる。その後、どの程度の集客ができたのか。販促のレスポンス率などを記録して機械学習(AI)させれば、どのような天候の時にどのような販促が最も効果的なのか、使えば使うほど精度の高い対策を採ることができるような機能を追加している。天気・温度・湿度などの情

あくまでも「共通ポイントカードは脇役だ」と語る。「主役は、顧客サービスを提供する側の質と、それを実現する継続的努力」だ。

報はＩｏＴにより自動的に取得できる。難しい統計や数学を知らなくとも、天候に応じた最適な販促方法をＡＩが示してくれるというわけだ。

「各店での顧客サービスのどこをどう変えれば、お客様から支持されるものになるのか。お客様から得られる情報を自身で分析しながら、サービス内容を少しずつ改善していく。この努力を継続的に行うことで、お店がどんどん良くなっていく。そこが本質だと思います」と、冨安社長は話す。

冨安社長は、来客数を増やしたり、売上をアップすることはもちろん大切だが、まずは自店に来店される顧客とはどのような人たちなのか。地域を知り、人を知り、求められていることを考え、自ら個別に対応していくことが大事だと語っている。それが個店や企業の発展へと繋がり、ひいては地域全体の活性化を果たすことになる、と話す。

また、そこでクラブネッツでは、ＣＮカードの加盟店や企業のために、人手による丁寧な「総合支援サポート」も行っている。ＡＩの活用とはまったく対照的な、アナログによるソフト提供といえる事業だ。

業界や業種によっては、共通ポイントカードの仕組みとはまったく違う部分で、集客力や売上などに大きく関わる事象がある。そのような店舗や企業に対しても、自社の商材だけでなく、他社の商材も揃え、ふさわしい販促方法を提案するソリューション営業を展開している。そのために地域の諸事の事情に通じた企業と提携して、代理店を務めてもらっているのだ。

また、共通ポイントカードを導入したいが、何から手をつけていいのかわからない。そのような企業や地域の声に応える形で、コンサルティング業務も行っている。カード事業の展開規模や予算、加盟店・加盟企業のリテラシーに応じて、必要なシステムを開発したり、運用のための勉強会を開いたり、細かなフォローを常時行っている。

ネット事業の挫折が生み出した共通ポイントカードの発想

各地で独自の進化を遂げているCNカードだが、どのようにして生まれてきた商品なのだろうか?

話は、冨安社長が「ラウンドワン」で働き始めた時代にまで遡る。大阪市に本社を置く同社は、ボウリング場として初めて上場を果たし、現在はボウリングに加え、アミューズメント、カラオケ、スポッチャ(スポーツを中心とした時間制の施設)などの屋内型複合レジャー施設を国内に105施設、アメリカに28施設展開し、総売上959億円を誇る(いずれも2018年3月期現在)。だが、冨安社長が大学生のときにアルバイトを始めた1989年当時は、ボウリング場1施設のみだった。

セールスプロモーションの勉強をしていた冨安社長は、広告や販売促進を担当し、やがて企画全般を任されるようになった。ボウリング場の支配人を務めていた杉野公彦氏(同社・代表取締役社長)の姿勢に共感して、大学卒業後も正社員として働き続け、1990年代後半に杉野氏と共に株式上場を果たすこととなったのだが、そこで時代を大きく変える出来事に遭遇する。

「当時、日本でも普及し始めたのがインターネットでした。これは恐ろしく化ける。インターネットビジネスは急成長するに違いない。この波に乗らない理由はないと肌感覚で確信して、ラウンドワンが好調で資金が潤沢に集まったこともあって子会社を立ち上げることにしました」。

これがクラブネッツ創設ストーリーだ。冨安社長はクラブネッツに出向して創業メンバーとなり、どのような事業にするのかの模索を続けた。そして、辿り着いたのが「共通」のポイントカードとなった。

“人との出会い”と“時機到来”が、クラブネッツの多彩なサービスを生む原動力だ。

当時、ラウンドワンでは、利用者のロイヤルティ向上のためにポイントカードを導入していた。だが実態調査をしてみると、会員の大部分はボウリング場を年に数回利用するだけで、ほとんどがリピートもしていなかった。しかも、会員の財布にはすでに他のポイントカードが何十枚もあった。そこで思いついたのが、共通ポイントカード事業だった。

「カードを1枚にまとめればいい。ラウンドワンが発行する1枚のポイントカードをいろいろなお店でお客様が使うことができれば、ものすごく利便性の高い面白いサービスになる。世の中に必要とされるものなることは間違いないと思えました」。

今でこそ、Tポイントや楽天スーパーポイント、ポンタカードなど、全国規模で展開する共通ポイントカードサービスは存在するが、当時、そのようなものはなかった。共通ポイントカードならば、財布にあるたくさんのカードを減らせて、気軽にポイントを貯めることができる。

店舗や企業にとっては、ポイント付与で集客を図れるだけでなく、来店頻度や利用金額などの情報が分析できる、きめ細かな商品提供やサービスが可能になる。地域の幾つもの店が同時に取り組めば、複数の店舗で買い回る顧客も現れるだろう。人通りがめっきり減った商店街でも、もう一度、賑わいを取り戻せるかもしれない……。

だが、共通ポイントカードを普及させるためには、まず、そのためのインフラを整備する必要があった。当時、普及していたポイントの仕組みといえば、紙のカードにスタンプを押して貯めるものだった。しかし、分析可能なものにするためにはICチップ内蔵のカードを使って情報を貯め、それをネットで各店に送る必要がある。

インターネットのインフラはもちろん、パソコンすら通常の店舗では普及していない時代だった。クラブネッツは、ネット環境やパソコン、周辺機器を共通ポイントカードの加盟店となる各店に揃えることから始めた。パソコンメーカーと交渉して専用のデスクトップパソコンを作り、モニターとインクジェットプリンター、デジカメをセットにして、インターネット通信のためのADSLと共に要望がある店舗に無料で提供することにしたのだ。どの機器もごく初歩的なスペックだったが1セットに数十万円かかり、それを1万5千セット準備した。

「投資額は100億円ほどに及びました。しかし、収益は思ったほどあがりませんでした。各店にとっては（パソコンもネット環境も）タダでもらったもの。得をしたぐらいの感覚で、これを活用しようというところはなかなか現れなかったんです」。

試みは大失敗に終わった。100億円の投資を回収できる見込みは立たず、ラウンドワンは2001年、クラブネッツを手放す決断を下す。インターネット事業はいったん消えかけたが、その後、売却され、再生したクラブネッツで、再び共通ポイントカード事業の構想が膨らんでいくことになる。

「東京で事業を買いたいという会社が現れました。ラウンドワンから出向して、プロパーとしてクラブネッツで働いていた私たち数人だけが、引き継ぎのメンバーとして残っていましたが、相手にとっても（事業を承継するためには）立ち上げから携わっているメンバーがどうしても必要です。何度も誘いを受けたこともあり、私はラウンドワンを退職して、売却先の会社に再就職することにしました」と冨安社長は、苦境の中に身を置いた当時を振り返る。

売却先の熱意に打たれた。そして同時に冨安社長がこの間、地方のCNカード加盟店を回り、そこで地方の現状を知ったことが大きかったという。

「中にはシャッター街といわれる商店街もありました。それでも一生懸命に頑張る店のオーナーさんや、店長さんがいました。何とかこのお店や企業の役に立てられないだろうか。そんな気持ちになったんです」。

新生・クラブネッツで、冨安社長が「経営理念」として掲げたのが「地域の店や企業の繁盛に貢献する」ということだった。

何をするかより
誰とするか
何になりたいかより
どんな人になりたいか

「Top Message」でも挙げたように、冨安社長が人を見る時、最も重視するのが人間性、人柄だ。前向きで、誠実、素直で一生懸命。常に自己を省みて成長し続けられる人、周囲に良い影響を与える人を望んでいる。

そして、2番目に望むのが「自分で考えて行動」ができる人。「仕事に受け身であっては、成果を得ることはできず、自己成長もできません。自分の考えをしっかりもち、自ら能動的、自発的に行動できる人であれば、仕事も楽しくなります」。

3つ目が、「逃げない精神」をもつ人。「人生は、苦労の連続。その時に逃げずに苦しい道を選択し、前向きな言動、行動を取れたか取れなかったかで、その後の人生が大きく変わります」と話す。

逃げない人は、苦労は多い分、仕事のやりがいや楽しみ方を知っている。会社や社会への貢献度も高く、世の中から必要とされる"人財"だ、と語る。

ＣＮポイント事業で、各地域の店舗の繁栄を追求することはもちろん、必要なら他社の商材も用いて、個店や企業の販促をサポートし、その運営・経営に貢献する。このような「総合的な支援」を行う方針を打ち出した。

会社売却の際、人員を大幅に縮小したことで現実的に全国の加盟店をくまなくサポートすることは、難しかった。そこで各地で代理店を募り、実質的にそこにサポートしてもらうようにした。地域事情に精通するタウン誌を運営する会社などとの提携を進め現在、代理店は全国で１５０社にまで増えている。

地域の個店や企業の繁盛に貢献し、実際のサポートは地域の事情に通じた代理店に任せる。その方針によりＣＮカードは、グループ会社全体の福利厚生の一つの手段として活用されたり、地域活性化のためのツールとして用いられたりすることで、各地で独自の発展を遂げていった。

クラブネッツはＶ字回復に成功し、売却後1期目から黒字化を達成。以後、９期連続で増収増益を果たした。10期目以降は上下動はあるものの、13期目から再び上昇気流に乗り、15期目の２０１８年度は過去最高の売上・利益を上げている。

キャッシュレス化がより進めば将来は「電子決済の主役」に

ＣＮカードは、現在も進化し続けている。現在、飛躍的に伸びているのが、クラブネッツが提供する２つのサービスだ。

その1つが「＋ＤＩＲＥＣＴ」。〝ＬＩＮＥ〟は日本最大のコミュニケーションインフラとして10代から高齢者まで７９００万人（２０１９年3月現在）のユーザーを持つと言われている。企業向けサービスの「ＬＩＮＥ公式アカウント（ＬＩＮＥ＠）」も多くの企業が利用している。企業に提供される管理画面から、一定料金で登録したユーザーにいっせいに情報発信する仕組みだ。だが、２０１９年4月中旬より大幅にリニューアルされ、配信通数に応じた課金に変わる。

この変更に対応させてクラブネッツが打ち出した「＋ＤＩＲＥＣＴ」は、すでに企業が持っている顧客データベースとＬＩＮＥを連携させることができる仕組みだ。「＋ＤＩＲＥＣＴ」は一斉配信機能しかないＬＩＮＥ公式アカウント（ＬＩＮＥ＠）の基本サービスに対し、情報を配信したい選択した特定層にのみ的確な情報を配信できるようになる。その結果、ビジネスにも繋がり易く、また選んだユーザーのみに送られるので、料金も抑えることができる。すでにＬＩＮＥ公式アカウントを導入している店舗や企業から、多くの問い合わせが寄せられているという。

もう一つが、マルチ決済サービス「ＳｔａｒＰａｙ」だ。

経営者を増やすことこそ真の社会貢献策となる

私は、世の中に経営者を増やすことが、最も重要な社会貢献の一策だと考えています。

しかし、私自身、実は経営者を目指していた訳ではありませんでした。従業員として何度も経営危機を経験し、退職も考え、それを乗り越えていくなかで、会社を継続させ、発展させてゆく意義や意味を理解し、責任感が高まり、経営者というポジションに就くことになったのです。

経営者になれば、行動や言動が変わります。考え方や生き方も大きく変わり、自分自身を飛躍的に成長させることができます。自分の意思でやりたいことを実現できることも経営者の醍醐味です。経営者しか参加できない交流会にも参加でき、そこでしか得られない情報や体験に大きな刺激を受けます。

自分自身、まだまだ未熟な経営者ですが、立派な経営者になるべく、日夜、勉強と反省を繰り返しています。

従業員にも「経営者を目指せ!」と言っています。子会社を5社作り、5人の代表取締役社長、20人以上の取締役を揃えるのが近々の目標です。経営グループのTOPが集まり、酒を飲みながら未来を語り合う。そんな場面を早く作りたいと思っています。

1台の端末で国内消費者向けの「LINE Pay」や「PayPay」、「楽天ペイ」などの支払いができるだけでなく、訪日観光客のインバウンド向けの「WeChatPay」や「アリペイ」など、様々なQRコード決済が低コストで各店に導入できる。

2019年10月から消費税が増税されるが、政府はその対策として期間限定でキャッシュレス決済に2%～5%を還元する施策を打ち出した。これも見越して「PayPay」「LINE Pay」のように多様なキャッシュレス決済社が、その普及を争っている。

「中国では70～80%がキャッシュレス化されていると言われていますが、日本はまだ20%程度、非常に遅れています。国を挙げてのキャッシュレス化が推進されています。いずれはポイントカードと電子マネーとの境界もなくなっていくでしょう」と冨安社長は、来たるべき近未来図を話してくれた。

カード1枚で、どこの店舗でもキャッシュレスで買い物ができ、しかも自動的にポイントが付与される。そんな時代がやってくるに違いない。この機会を地域全体で取り組めば、ポイントは地域内で流通し、得られる情報もまた地域で活かすことができるはずだ。顧客情報の収集やビッグデータの活用と聞けば、世界的なIT企業の名前が思い浮かぶが、CNポイントのような地域密着型の仕組みこそ、我が国の地方の繁栄、発展のためには真に求められていることなのではないだろうか……。

人間関係の良好な和が、クラブネッツの事業の輪を生み出す。

人生の紆余曲折で学び
鍛えた人間力が冨安社長の
笑みのなかには溢れている。
「CNカード」の生みの親であり
新たなカード時代の挑戦者の目線は常に澄む。

社名	株式会社クラブネッツ Club Nets Corporation
本社所在地	〒150-0002 東京都渋谷区渋谷3-28-13 渋谷新南口ビル1F Tel ：03-5466-2277 Fax：03-5466-2280 URL： https://www.clubnets.jp
代表者	代表取締役社長　冨安 仁
設立	2004年9月
資本金等	253,950,000円 （資本金:85,000,000円） （資本準備金等:168,950,000円） （2019年6月現在）
事業内容	CNポイントシステムの 開発・販売・運用及び インフラ構築・運用業務他

株式会社賢者屋

〝いまどきの学生は〟と言われる常套句は、古今東西どの地域・国・時代にあっても変わることのないオトナの言い草だろう。

その若者たちの情熱と理想を陰で支える一人の賢者が起業し彼らに無料で場を提供し、瞬く間に7万人もの学生を集める。

大学生でもある彼自身の目的は、「多くの人の幸せのための居場所を創る」ことだ。

学生が自由闊達に語り合う「場」を創り
多くの人の幸せに貢献する事業を興す

ESSENTIAL INNOVATOR

時流を動かし、社会を変え、歴史を塗り替える原動力となるのは
いつの時代も志のある若者の勇気と情熱に裏打ちされた行動力だ。
その若者たちが集い、熱い想いや理想をカタチにする「居場所」を
開設し“無料フリースペース”事業を始めた起業家がここにいる。
彼もまた学生であり、高い志の実現に向けてひた走る。
『東日本大震災』で被災した東北復興支援や地域創生事業プラン
企業のマーケティング協力など、賢者屋に集まる学生たちが創る
とてつもなく高潔、且つ、夢に溢れた多種多様な事業プランは
やがて、この国の姿形を一変するイノベーションの種となる。

多くの人の幸せのために居場所を提供

人から愛される「場」を創りたい。居心地がよく、誰かと行きたくなる。また誰かと会いたくなる、そんな空間を創りたい。

自由に発言ができて、時には議論が白熱して感情をむき出しにすることもある。大声を出して泣いたっていい。そのような「自由な場」を創りたい……。

夢や想いをもつ学生の活動を応援して、お互いの感謝の気持ちが次々と循環していく。関わる人の想いに寄り添い、繋がりを活かし、多様な生き方を受け入れる。

そんな居場所を提供することで、関わるすべての人たちが幸せになれる新しい事業やサービスを創り出していきます。

株式会社賢者屋　代表取締役社長

Top Message

sato yu 佐藤 祐

誰からも愛される「場」を創り そこに集う〝活動する学生〟を応援し 多くの人たちの幸せを創り出していく。

東京新宿と大阪梅田に「学生のためのフリースペース」を展開し年間7万人もの学生を集めるのが賢者屋だ。そこでは就活、学生団体総選挙、ダイバーシティなど「幸せを形にしていく」事業企画が次々と生まれ続けている。

東京都新宿区。JR新宿駅西口を出て北へ5分ほど歩いたところのビルの5階に賢者屋はある。「学生のためのフリースペース」だ。

「社会貢献したいという〝熱量の高い〟学生たちがリアルで集まれる空間を創りたい。大学でもなく、家庭でもない、第3の居場所となる〝皆から愛されるスペース〟です。世の中がどんどんオンライン化するなかで、あえて人と人とが直に顔を合わせる〝オフラインの場〟が大切になる。そう思って起業しました」。

賢者屋の佐藤祐社長は、現在27歳（2019年6月現在）。自身も大学に籍を置く現役の大学生だ。

賢者屋に一歩、足を踏み入れると、どこか懐かしい雰囲気が漂っていることに気づく。50坪ほどのスペースの一番奥、窓際に並べられているのが、スチールパイプを折り曲げて天板と物入れをつけた簡素なデスクと、やはりパイプに板を貼り付けただけの椅子がある。小中高と通じて慣れ親しんだこれらデスクと椅子を見れば、誰もが子どもの頃を想い出す。床には落ち着いた木目調の床材が使われ、壁は黒板を想起する濃い緑色に塗られるなど、手作り感いっぱいの空間だ。

「今はまだ静かですけど、夕方から混み始めます。うるさくて（笑）、僕らも仕事に集中できないぐらい。毎日が〝文化祭の前日〟みたいです」と、佐藤社長は満面の笑みをたたえながら話してくれた。

デスクや椅子はもちろん、電気、Ｗｉ－Ｆｉ、プリンター、ホワイトボード、プロジェクターなどは学生ならば無料で使える。

日中の利用者はまばらだ。学生が一人でノートパソコン相手に黙々と作業する姿が目立つが、夕方になると訪れる学生の数は増え始め、夜の7時を過ぎると大学生がグループ単位でどっと押し寄せてくる。気がつけば全部で１６０ほどあるデスクのほとんどが埋まり、隣の人と話すのも難しいほどの賑やかさだ。

頭や顔を寄せ合って、何やら企画しているグループもあれば、ホワイトボードにあれこれとアイディアを出し合っているグループもある。あちらから歓声が上がったかと思えば、こちらからは笑い声が。人が増えるにつれて喧騒度合いも増し、そこで話そうとすればさらに大声を張り上げることになるのだが、それを気にする利用者はいない。むしろ、みんながその熱気を満喫しているようだ。

学生団体との出会いが転機に「誰かの笑顔のために」働きたい

佐藤社長が、この大学生のためのフリースペース賢者屋を立ち上げたのは、２０１３年のことだ。自分自身の学生団体での活動経験が、「場」の提供に与えた影響は大きい。

高校を卒業すると音楽系の専門学校に進学し、学費を稼ぐためにＰＣのパッケージ販売の仕事に就いた。すぐに頭角を現し、目標とされている成果の４００％を達成するなど、驚異的な数字を叩き出した。

その結果、このことで自信をもち、また実績に応じた報酬も得た。だが、売れば売るほどユーザーから遠ざかっていくようにも感じて、満足感はかえって薄れていったという。

「何のために働くのか？　誰のために働きたいのか？」と、佐藤社長は自問自答し始める。

19時を過ぎた頃から、続々と学生たちが集まりはじめ席を埋め尽くす。
突然、あちこちから熱気のこもった会話や討論が始まり高揚の渦をつくる。

大学への進学を決意したのは、起業してその答えを見つけたかったためだった。とはいえ大学に入りたての頃は、ただただ学内で「ワル目立ち」していただけだったという。

どこか諦めムードが漂う学内で、懸命に抵抗していたのかもしれない。幸運にもある教授が、〝彼の中にあるリーダーシップ〟を見い出し、通常ならば2年生から入るゼミに1年のときから加えてくれた。「地域社会の未来を考える」をテーマとして取り組むゼミの教授だった。

さらに転機となったのが、もう一人の外部講師との出会いだ。「将来、起業したい」と相談すると、あるパーティに誘われ、そこで他大学の学生団体の学生たちに引き合わせてくれたのだ。

「やる気がなくて、本当に大丈夫かなと思う学生がいる一方、社会的な課題と真剣に向き合う活動をしている学生たちがいました」と、佐藤社長は話す。

目を開かされた思いがして、自分もある学生団体に入ると、広報部として全国を走り回ることになる。そこで、全国各地で大勢の学生たちが活発に活動する姿に驚いたという。特に当時は、『東日本大震災』が発生したばかりで、学生たちが主催する支援団体の数は相当数あった。

そのまま学生団体で活動を続ける選択肢もあった。だが起業を志していた佐藤社長は、別のアイディアを思いついた。そこで始めたのが、活動する学生のための「フリースペース」を立ち上げたことだった。

「このような大学生のために何かを始めるということは、日本の将来のためにも意義があることだと思いました」と、佐藤社長は起業のきっかけをこう話し始めた。

彼が「人に貢献したい」と考えるようになったのは、まだ子どもの頃だったという。

「両親は、僕が小学校5年の時に離婚しました。理由は父親のDVです。そのために母はいつも泣いていました。泣いている母親を笑顔にしたいと子どもながらに、常に思っていました」と佐藤社長は、少年時代を振り返る。

勉強と水泳をがんばった。どちらも良い成績を取ると、いつも泣いていた母親が笑顔で喜んでくれたからだ。離婚のために私立の中学受験は諦めなければならず、大きな挫折感を抱いたが、校内の風紀が荒れていた公立の中学校に進むと、そこで成績だけではない別の価値があることを知った。心の底から友だちといえる仲間にも出会うことができた。「母親を笑顔にしたい」という気持ちは、やがて、「より多くの人たちを笑顔にしたい」という夢となって膨らみ始め、徐々に自身の一生涯の目的にもなっていった。

専門学校へ進学してアルバイトで働き始めた時、売上実績をどれだけ上げても、どこか満足できなかったのはそのためだったと、後々、気づくことになる。

大学に進学して、学生団体で熱心に活動する学生を目の当たりにしたときに気がついた。彼らもまた「誰かの笑顔のために活動」している。そんな学生たちを陰で支えられれば、より多くの人が幸せになれる……。

オンラインの情報交換サービスならばすでにたくさんある。むしろいまはオフライン、「直に顔と顔を合わせる場」の方がもっと重要だと考えた。

「居心地がよくて、自分の喜怒哀楽をそのまま出せる、そして、周りもそれを当たり前のこととして受け入れてくれる」。そんな「リアルな場」を創りたいと思った。まったくバックグラウンドの違う学生たちが出会い、膝と膝、顔と顔をつき合わせて話せる場……。そこに「自分の居場所もつくりたかったのかも知れない」と、佐藤社長は当時を振り返る。

こうして2013年7月、JR新宿駅の南口近隣に立ち上げたのが「賢者屋」だった。「未来の賢者をここから輩出したい」という気持ちで、そう名付けた。

様々な分野の学生団体が集まり年間7万人が利用するまでに

誰もが慣れ親しんだ懐かしいデスクや椅子を用意して、学校の課外活動そのままの雰囲気を保った。また壁は一面を緑色に塗って黒板代わりに使えるようにもした。その後、賢者屋は新宿西口に場所を変えるのだが、そこでも壁を緑色に塗ったのは、そのときの名残だ。

「当時（新宿南口）店舗は土足禁止でしたから、みんな靴を脱いで床に座って車座になってワイワイ、ガヤガヤと話し合っていました」。

それが楽しかった。半年で延べ千人が集まれば上出来と考えていたが、最初の月から700人が集まり、翌月からは口コミで学生数はどんどん増え、3ヵ月目には月3千人に達した。半年で千人どころか、その20倍近い勢いで利用者数は増えていったのだ。

学生団体といっても、その活動の幅は広い。『東日本大震災』が起こって間もないこともあり、被災者支援や復興のための活動など、ボランティアや地域貢献での活動は多彩だったが、その形態も多種多様だった。

賢者屋を利用する学生団体の一つに『僕らの夏休みプロジェクト（『僕夏《ぼくなつ》』）』がある。名前の通り、夏休みなどの長期休暇を利用して被災地を訪れ、地元の子どもたちとゲームやスポーツ、科学実験などをしながら触れ合っていくというプロジェクトだ。

「子どもたちの笑顔のパワーはやっぱりすごい。年に一度、3日間ほどの短期間での触れ合いなんですが、1年前に一緒に遊んだ子どもたちが学生の名前を呼んで駆け寄ってくれる。前回はどんな話をしたかなどもはっきりと覚えていてくれて、子どもたちの前に立つためにも自分たちもがんばらなければと毎回、刺激を受け、感謝の気持ちを抱きました」と、佐藤社長はスタッフから聞いた〝その時に受けた人の温もりと感動〟を思い出しながら、この逸話を紹介してくれた。

2017年度に実行委員長を務めたのが、岸谷薫《かおり》さんだ。『僕夏』は震災のあった2011年の夏から活動を開始し、岩手県沿岸部の宮古市や山田町、釜石市などを巡回し訪れてきた。現在、18大学に支部があるが、それ以外の大学の学生たちの参加もあり、全部で約30大学、計400人が活動をしている。

岸谷さんら『僕夏』の各支部リーダーは、会議のために週2日ほど賢者屋を利用してきた。

「カフェでミーティングをしても、周りが静かなせいもあり、あまり騒がしいことはできません。でも賢者屋ならあちこちで同じような会議をしていて、高揚して声を張り上げている学生もいます。そこにいれば自分たちも『よっしゃ、やるぞ！』とモチベーションが上がるんです」と、岸谷さんは賢者屋の気のおけない雰囲気が、自分たちのモチベーションを高めてくれると話す。

被災地では、子どもたちに喜ばれたうえに自分たちにとっても楽しい時間なのだが、地域に何をもたらしたのか、子どもたちにとって本当は何が課題なのかを常に振り返り、自分たちができることをいつも考えているという。

やはり『東日本大震災』で被災した東北の復興を支援したいと、高校生のときに賢者屋を利用したのが、井上麗美《つぐみ》さんだ。50名にもおよぶアーティストが参加する『Up to You』イベントを企画して、東京のライブハウス〝ZEPPダイバーシティ〟でライブを実施し、そのイベントで得た収益金を被災地へ寄付した。

「企画から出演交渉までのすべてを高校生の自分たちでやりました。もちろんメンバーの誰も過去にそのような経験はなく、本当に苦労しましたしメンバー同

彼は常に笑顔を絶やさない。その屈託のない微笑みが"温かく"学生たちを見守る。

士でぶつかり合ったこともありました」と、井上さんは初めてのイベント開催当時を振り返る。

打合せや準備などのために賢者屋を利用したが、イベント間近になると徹夜も続いた。賢者屋は特別に時間外も使わせてくれただけでなく（＊通常の営業時間は平日15時～22時、土日祝9時～21時）、佐藤社長自身が細々した作業を手伝ってくれた。その支援などもあってようやく開催にこぎ着けられたという。

「活動そのものにも大きな意義を感じたが、活動に共感して応援してくれる人たちが大勢、現れたことに胸が熱くなった」と話す。

井上さんは、その後、賢者屋で受付のアルバイトを始めたが、いろいろな学生たちと顔を合わせる立場から、「今度は自分が人と人とを繋げよう」と強く意識し、活動しているという。

「似たような主旨の団体があれば、もしかしたら一緒に活動できるかもしれないからと紹介し合ったり、逆に向こうから紹介してくれと頼まれたり……。皆さんと親密になるので、自分がそういう出会いを創れるのではと思いました」と話す。自分がここで多くの人と出会えたように、賢者屋という「場」を通して、「もっと人の輪を広げていきたい」という。

賢者屋には、他にも実に多種多彩な学生団体が集まってくる。地域産品で地域興しを図ろうという学生団体、国際協力を進める団体、ビジネスを興そうとしている団体、食・農・環境・政治・アミューズメント・教育・メディア・ダイバーシティ……。ありとあらゆる分野で活動する学生たちが利用している。現在の利用者は、年間7万人にも及ぶ。

大勢の学生が集まったことから 多種多様な事業が形づくられる

「学生団体で活動する学生」のために都心の一等地に無料でスペースを提供する賢者屋だが、いったいどうやって経費をまかない事業運営しているのか。発足当初は、佐藤社長が学生団体で活動していたときに知り合った企業から協賛金を得て運営資金とした。だが、予想を大きく上回る学生が訪れ、企業側もそのポテンシャルに気づいたことで、現在は様々なイベントやプロジェクトなどが立ち上がり、賢者屋の事業として定着してきている。

現在、賢者屋の〝代表的な事業〟となっているのが「就活支援イベント」だ。

「大手人材会社が開く合同説明会は、企業数は50社、100社と集まり学生数も何千人にもなります。しかし、それでは、企業は履歴書でしか学生を見ることができず、学生にとっても人事の方と話がしたくても質

手作り感が溢れる賢者屋の制作物は学生たちが協力して作られたという。
この一体感が信頼感を生むルーツだ。

ここに集う学生たちとっての最大の人気イベントが『学生団体総選挙』。

問一つするのも難しい。一方、賢者屋が行うイベントでは、学生60人に対して、企業の人事の方は多い時で20人から30人。学生2～3人に一人という距離感で話すことができます。学生側も企業側もお互いに相手の良いところも悪いところも見せ合って、就活ができているんです」。

賢者屋が主催する就活支援イベント『CHEMISTRY』についてこう語るのは、社長室室長を務める古谷《ふるや》美桜《みお》さんだ。

『CHEMISTRY』では、学生、企業が丸1日をかけていくつかの企画を一緒に経験していくイベントだ。まず、企業のプレゼンテーションでは、自社の事業内容を説明することはもちろん、経営理念や会社独自の価値観などについて熱心に語る。これは、学生たちからの関心が非常に高いという。プレゼンする企業1社1社に、学生が採点をするところも特徴だろう。

離反も迷いもあった賢者屋の事業運営

今では多くの人に支持されている賢者屋だが、立ち上げ時には挫折もあったという。

「当初の仲間はすぐに起業したいと、時間スケールの違いで離れていきました。その後も、がんばってコミュニケーションを取ったのですが、きっと求心力を欠いていたのでしょうね、繰り返し仲間が離れることが続きました。この頃は本当に辛かったですね」と、佐藤社長は振り返る。

人それぞれに望みや考え方は違うもの、と自分に言い聞かせ克服したものの、その後も急速に利用者が増えていったことで、かえって「本当にこんなことを自分は望んでいたのか？」という疑問が膨らんだ時期もあったという。

だが、ある年のクリスマスの夜、佐藤社長は賢者屋を利用する団体のパーティに参加して記念写真を一緒に撮った時、みんなの笑顔に“ハッ!”とした。

「損得ではなく、自分たちががんばってきたことを純粋に喜んでいました。その時、私はこの人たちを応援することができていたんだと、確信がもてました」と目を細めた。

思わず涙が溢れて、それまでにあった迷いの気持ちはふっ切れたという。「多くの人たちの幸せのための場を提供する」という仕事に徹する決心がついた瞬間だった。

一番良いと思った会社のカードを胸につけるなど、結果は一目瞭然となり、企業の人事担当者にとっては気の抜けない時間となる。

学生自身による自己PRでは、参加企業からフィードバックを得ることができる。一方的に説明を受けたり評価されるのではなく、お互いに自らを表現し、それに応えていくという趣旨だ。

学生が数人のグループを作り、そこに参加企業の担当者がメンターとして加わって、新規事業を立案していくというグループワークもある。〝選ぶ・選ばれる〟という関係ではなく、対等な立場で一つの目的のために協力し、その経験を通してお互いを深く理解しようという試みだ。

「東京で始まったイベントですが、名古屋・大阪・福岡にも広がり、今では金沢・仙台・広島など全国14の都市でも行うようになりました。私は賢者屋で働き始めて4年半になりますが、当初に比べて集まる企業の数は3～4倍に増えていると思います」と、古谷さんは説明してくれた。

企業や大手人材会社が道筋を作り、それに乗っかりつつ就活ノウハウを駆使して入社を果たす。一般的な就活ではそうなりがちだ。だが、賢者屋を利用する学生たちは、自ら動くことが身に付いている。マニュアルに流される就活ではなく、学生と企業がじっくりと向き合う賢者屋の「就活支援イベント」を選ぶ。実際に賢者屋を利用する学生の約7割が、大手人材会社の就活の仕組みを使わずに、賢者屋のイベントで就職を果たしているという。

学生自身が就活イベントに主体的に関わっているところが、他にはなく見逃せないポイントとなる。

地方都市で行うイベントは、大都市圏で行われていた賢者屋の就活イベントを知った学生が「地方でもぜひ開催して欲しい」と言い出したことから始まった。無事、就職を果たした学生たちは、今度は後輩たちのために各地のイベント開催に関わるようになっている。

〝アンバサダー〟と呼ばれるそれら賢者屋の支援者たちは、全国各地で増え続けている。

『CHEMISTRY』は、複数の参加企業の協賛で進めてきたが、利用する学生が増え、企業側の期待も高まったことで、技術系の会社と理系の学生が顔を合わせるイベントや、個別の企業が特別に開く就活イベントなど、別の形態での多様な企画も動き出しているという。

学生団体を支援する学生団体総選挙
ダイバーシティも新たな事業へと

賢者屋のもう一つの事業が学生団体への支援だ。その代表的なイベントが『学生団体総選挙』。

「かつて私は『日本一の夢の祭典 みんなの夢アワード』の開催に協力したことがあり、その時、高校生が（東日本大震災の）被災地でカフェを作りたいと話すのを聞いて、自然と涙が出てきました。翌年、私自身がその舞台に立って夢を語ったのですが、大勢の方に応援していただくことになり、自分が生かされていると思うようになりました」と、佐藤社長は振り返る。

『学生団体総選挙』では日本一応援したくなる学生団体を選ぶ。
これまでにエントリーした団体数は4年で延べ2,400にも及ぶ。

自身が受けた「他者を応援する気持ち」を次の世代に繋げたい。そう考えて立ち上げたのが『学生団体総選挙』だった。

学生団体のナンバー1を決めるのだが、技や実績を競うわけではない。審査員は応援したくなる団体に投票する。情熱が表現できれば高得点を得られることもある。発表することによって活動はよく知られ、夢を現実に近づけることができる。

『学生団体総選挙』は2016年秋に第1回を開催すると、翌2017年には第2回、第3回と立て続けに開催し、2018年夏で第4回を迎えた。第1回にエントリーした学生団体は400ほどだったが、開催毎に増え続けて第4回では800団体となった。4回合わせて参加団体数は2400ほどに上る。

既述の『僕らの夏休みプロジェクト』は、2017年の第3回学生団体総選挙で、600の団体の中からグランプリに輝いた。翌2018年夏の第4回でも、当時、実行委員長だった岸谷さんのプレゼンで、食・農業・地域活性化部門の副グランプリを得ている。

「本当に(『僕夏』が)よく知られるようになりました。賢者屋では他の団体の人と話す機会も多いのですが、『初めまして』と挨拶しても、『あなたの団体、知ってますよ』と言われたり、街で突然、『この間、見ました』と声をかけられたり(笑)。賢者屋に集まって来る人たちは、みんな誰かしらの幸せを願っています。そこにすごく惹かれます」と、岸谷さんは話す。

賞を得たことで自分たちの活動の意義が確認できたが、それをきっかけにして同じ気持ちをもつ人たちと繋がることができたことが嬉しいという。

もう一つ、まだ事業という形にはなっていないが、賢者屋が2019年から本格的に取り組もうとしているのが〝ダイバーシティ〟だ。LGBTをテーマに新たな事業を形づくろうとしているところだ。

進めている黒坂日菜子《くろさかひなこ》さんは、『性別二元論』や〝男らしさ、女らしさ〟に疑問をもち、ダイバーシティを学びにカリフォルニアへの留学も経験しており、学生時代は「セクシャリティから『家族』を問う」をテーマに論文も書き上げている。LGBTの活動に取り組

進展する学生と企業との協働から生まれる
コラボレーションのロンド“輪”

賢者屋のもう一つの事業が「学生向けプロモーション」だ。賢者屋に集まる年間7万人の学生利用者に注目して、自社のマーケティングや製品開発に活かしたいと考える企業は数多い。

学生時代に企業と学生の「マッチング・イベント」を企画していた住田直樹《すみたなおき》さんは、現在、賢者屋の営業企画担当として企業と学生とのコラボを進めている。その一つが、ある食品会社製品のラベルデザインの検討だ。

「これまで年配向けの商品が多かった企業様が、若い人向けの商品を出すことになり、大学生のアイディアを採り入れたいということになりました。賢者屋を利用する学生には食や農業をテーマにする人も数多くいます。そのような学生たちと一緒にコピーやデザインを考えれば、若い人に訴求できるラベルができるに違いありません」と、住田さんは語る。

住田さんは、ビジネスとして成功させることはもちろんだが、関わる学生たちにも新しい発見がもたらされるようにしたいと、その抱負を話してくれた。

むうちに賢者屋を知り、現在は賢者屋の正社員として管理部で働き、ダイバーシティも担当している。

「現在は啓蒙活動が中心です。特に地方ではLGBTの当事者によるコミュニティは少なく、あっても小さなものに留まっています。いろいろなサークルのある東京に『1day INTERNSHIP』として集まり、何が課題かを探り、事業立案をみんなでやっていきたいと考えています」と、黒坂さんは話す。

2017年末に賢者屋で最初のイベントを開催して以来、年に4回のペースで続けてきた。毎回40人ほどが集まる。LGBTの当事者に集まってもらい、課題を明らかにして、それを基に事業を組み立てていく。賢者屋ではそのために2019年春の採用でLGBTの枠を設けて人財を募集した。

「当事者でなければ、本当のところはわかりません。そのために人財を募り、採用していきます。LGBT採用というと、逆差別ではと思う人がいるかも知れませんが、採用のフローは通常とまったく同じです。あくまで当事者が事業を担うための採用です」と、担当責任者の黒坂さんは話してくれた。

今ではよく耳にするようになったLGBTだが、本当の課題はまだ隠れたままだという。直に顔を合わせて課題を話し合う。「リアルな場」を大切にして社会課題に向き合う学生を支援してきた賢者屋ならではの取り組みなのだ。

2020年、全国7カ所に賢者屋を将来はより幅広い世代のための場を

「2020年度中に全国7地方で賢者屋を展開しようと考えています。今は東京新宿と大阪梅田の2店ですから、残りはあと5店舗ですね。7店舗になれば、全国の大学生の10人に1人が賢者屋を利用するようになるでしょう。学生にとっては、まさにリアルなプラットフォーム、コミュニティが構築できます」と、佐藤社長は将来の事業構想を語る。

今後は、学生が活動し易い「リアルな場」を全国規模で展開していくという。また、賢者屋ができてすでに5年、卒業生も増えてきた。佐藤社長は、卒業後の人生でもそれに応じた「場」や「サービス」が必要になると、より幅広い世代への貢献も構想中だ。

佐藤社長は、事業を先に考えてきたわけではないという。「場」を創り、「関わるすべての人たちの幸せのための居場所となる」ように努力した結果、大勢の人が集まり、自然に事業やサービスが生まれてきた。そんなに都合よくいくのかという声も聞こえてきそうだが、一度、賢者屋を訪れて、その場の熱気に触れれば考えは変わるはずだ。

学生たちが持つエネルギー、いや、世代によらずどんな人でも本来もっているエネルギーの熱量は、まだまだ眠ったままだ。それを引き出すことができるような事業やサービスを創り出していくことで、世の中をポジティブな方向に変えていくことができる。賢者屋は、その難解な課題に挑む「先駆者」だと言える。

佐藤社長は「一度作った居場所は、ずっと灯りをともし続けていきます」と、いつもと変わらぬ笑顔で力強く、そう話してくれた。

佐藤社長の周りには
常に“学生たちの輪”ができる。
伸び盛りの賢者屋の業務で
日本中を駆け巡っている
彼のもとに集まる学生にとって
良き兄貴であり支援者である
彼の日常生活は超多忙を極める。

社名	株式会社賢者屋 kenjaya, Inc.
本社所在地	〒160-0023 東京都新宿区西新宿7-2-6 西新宿K-1ビル5階 Mail：info@kenjaya.co.jp URL：https://kenjaya.com
代表者	代表取締役社長　佐藤 祐
設立	2014年7月
事業内容	学生のためのフリースペース 『賢者屋 -kenjaya-』の管理・運営 新卒採用イベント事業 新卒採用コンサルタント事業 高校生・大学生向けマーケティング ＆ プロモーション事業 高校生・大学生向けイベント事業

コールフォース株式会社

自らの体験を経験値に変換し、独自の事業モデルを次々と生み出しつづける難題を
「唯一無二の挑戦」の旗印の下に多くの若者たちを糾合し教導し、実現していく。
彼ら若い世代の事業家が創り上げていく眼差しの先にある
この国の新しい未来図には、令しく和やかなビジネス世界が広がる。

独自手法のソリューション事業を基盤に
広く社会に必要とされる価値を創出する

E S S E N T I A L　I N N O V A T O R

現代社会での基本インフラであり、ライフラインでもある
IT ソリューション事業と "IoT Navi" 事業を経営基盤として
"誰もが真似できない" 独自のサービスモデルを提供する。
しかし、彼らが目指す「唯一無二」のビジネスはそれだけではない。
個客の利便性とコストダウンの双方を兼ね備えたサービス提供を
一人ひとりの顧客と直接面談、コンサルテーションして展開する。
また学生たちをインターンシップで育成し、実践的な教育も実施する。
彼らが目指す「地域や社会から必要とされる」事業モデルとは……。

企業や社会にとって必要な組織と価値の創出

商品もサービスも同質化が進み、企業の強みを明確にすることが難しい時代になりました。だからこそコールフォースは「唯一無二への挑戦」を掲げていきます。

他にはできない事業で新たな価値を創出する。それは単に商品で差別化するのではなく、事業そのもの、組織づくりそのもので差別化を図ります。

そのために一人ひとりが難題に挑戦し、その挑戦を楽しみ、これまでになかったサービス・基準・カルチャー・思考を生み出していきます。

これらの要件こそが、これからの時代に、地域や社会から必要とされることだからです。

CALL FORCE株式会社　代表取締役

Top Message

hoshino junichi 星野 純一

「唯一無二への挑戦」を旗印に独自性と社会性を両立させ、誰もが喜ぶ新たな事業と即戦力人材を輩出する。

CTIを基軸とした幅広いビジネスソリューション事業をはじめインターネットと公共サービスを複合的に組み合わせる独自のインフラサービス。インターン学生を鍛え上げ、社会に送り出す彼らの目指す近未来図とは……。

横浜市に本社を置くコールフォースは、社員数は約50人、平均年齢は25歳と非常に若い企業だ。横浜本店の他に横浜に2つ、その他にも東京、千葉に支店を置き、売上は2018年8月期で約12億円に上るが、今期（2018年9月～2019年8月）は一気に25億円と倍増する見込みだ。

経営理念として『唯一無二への挑戦』を掲げているところが大きな特徴だ。事業戦略でも「似ない」としている。他社のマネはしない、オリジナル技術や事業を展開していくことを基本方針としている。

現在、メインとなる事業は3分野にわたる。

1つ目が〝BS〟（ビジネスソリューション）事業だ。ネットワーク回線を利用したIP電話とオリジナル開発の7つのソフトウエアによるCTI（Computer Telephony Integration）事業を展開し、低料金と使い勝手の良さで、現在、全国で約300のコールセンターで利用される、同社の売上の柱だ。

自社でコールセンターを開設したとき、当初から利用し始めたのがIP電話だったが、「唯一無二」、他社と「似ない」との方針から、より利便性を高め、一層のコストダウンを図るために独自のソフトも開発した。それにより実質的な競争力も得た。このソリューションは自社ばかりでなく他にも広げられると判断をして事業化したのが、現在のBS事業だ。

新宿、横浜など全国に4ヵ所のデータセンターを開設して、社内営業システムや管理システム、ロボット音声サービスなどの7つのオリジナルソフトを提供している。普及を図るなかで顧客から要望が強かったネット関連の機器や各種通信機器など、ハード類も併せて取り扱うようになり、現在は、業務効率化、生産性アップのためのトータルソリューションの提案も行っている。大手コールセンターや一般企業が主な取引先だが、いずれはSOHO市場への参入も考えているという。

もう1つが〝CC〟事業だ。

一般家庭向けのインターネットサービス「Cひかり」を販売している。月額4、980円で下り回線2Gbpsの超高速の環境を提供するが、それだけでは消費者に同業社との違いを示すことができないと、ここでも「唯一無二」、「似ない」の方針で、取り入れたのが〝CSR〟(社会貢献)の要素だった。

料金の一部を日本赤十字へ寄付して、その活動を支援する。利用者には日本赤十字から感謝状が届く。この異例の打ち出し方が好評で、現在、月間千件以上のペースで伸びている。

コールフォースの急成長は、これらBS、CCの2つの事業に負うところが大きいが、もう1つ異色の事業を展開している。インターンシップ事業だ。

「自分がインターン生だったときの経験が大きく影響しています。実践的なビジネスを学ぶことができて、現在の会社設立にも繋がりましたし、就活をしたときも内定をたくさん貰えたのは、インターンシップでの実績を評価していただいたからです」。

自身の経験を振り返りながら、インターンシップを事業化する理由をこう語るのは、コールフォースの星野純一社長だ。

まだ始めたばかりの事業だが、星野社長がいま最も力を入れている分野だ。

ビジネスの第一線での経験と実践的な教育をインターン事業で

コールフォースの横浜本店をはじめ、各支店では若いスタッフの熱気が溢れている。50人の若い社員と共にアルバイトは約100人にも及び、さらにインターン生約80人が一緒に働いているためだ。

学生時代にある企業で一定の期間働くインターンシップは、学生にとっては社会人としての実体験ができる貴重な機会だ。企業にとっても、長い時間をかけて学生の人物や能力をみることができ、正式採用へと繋がることも多い。だが、通常は夏休みなどの期間に限られていたり、極端な例では、1dayインターンシップのようにたった「1日のプログラム」で終わる例もある。

コールフォースのインターンシップは、短くとも

「唯一無二」を貫く"理念と独自性"が、事業ドメインに"最強の個性"を醸し出す。

数ヵ月、長ければ大学に入学してから卒業までの長期間にわたり、なかには週に2〜3日の頻度で続ける学生もいる。

「キャリアの一貫として営業を経験しておきたい。そのような学生ばかりが当社のインターンシップには集まっています。留学経験者も多く、世界を見て雇用市場の厳しさを知っていることもあり、危機感は相当強い。サバイバル競争に勝たなければ、生き残るためのスキルを是が非でも身に付けたい。彼らの必死の思いが伝わってきて、脅威にさえ思えるときがあるほどです」と、星野社長は話す。

このような意欲に満ちたインターン生のために、コールフォースが用意しているのが、OJTとOff JT、〝セミナー形式の豊富な講座類〟だ。社会人として必要なマインドや知識、スキルを習得するための独自開発プログラムだ。もちろんインターン生は無料で受講できる仕組みになっている。

毎日、必ず1時間ほどかけて行っているのが営業・セールスに特化した講座だ。声の出し方をはじめ、顧客との会話の進め方、ヒアリング方法、成約にいたるクロージングの仕方まで、営業の詳細にわたる実践的なスキルを学ぶ。

コールフォースでは、インターン生はまず電話での営業に就くことが多く、そこですぐに実践を試すことができる。自分に足りないところ、疑問に思ったところがあれば学び直して、また仕事での応用が可能だ。その反復実習により非常に効率的な営業のスキルを身に付けることができる。

2ヵ月に一度の頻度で、毎回、2〜3時間をかけての特別講座も開いている。テーマは「ロジカルシンキング」や「フェルミ推定」などで、やはりビジネス上で役立つナレッジやスキルとなる。数人単位でのディベートを行ったり、グループディスカッションをすることもある。だが、その中でも特に好評なのが、社会人としてのマインドを醸成するための講座だという。

「仕事のマインド。当社では『仕事観』と呼び、テーマとして取り上げています。仕事の成果とは、考え方、熱意、能力の3つのかけ算と定義できますが、『能力』

数多くのインターン生が集い、学び、働くオフィスには、常に彼らの熱気がみなぎっている。

は後から磨くことができます。『熱意』は何かのきっかけで生まれることもあるでしょう。人によって持っている量の大小の違いはあるでしょうが、いずれにしてもやればやるほど高まる、プラスになるものです。しかし『考え方』は違います。マイナスがあり得るからです。ウソをついたり人を騙したり……。倫理観が屈折していては、いくら熱意や能力があっても、仕事ではプラスに働くことはありません。私はこれが働く上で一番重要なことだと考えています」と、星野社長は真摯に説明する。

講座では、コールフォースが定める『13の仕事観』を指標にする。

コールフォースの13の仕事観

・自責主義
・プラス思考
・無限大思考
・スピード重視
・提供主義

・中長期思考
・現実主義
・競争協力思考
・挑戦主義
・変化主義
・自分株式会社思考
・結果主義
・生産性重視

例えば、「自責主義」とはどのようなものなのか……。

「営業では成績がグラフに表されることが多いのですが、成績が悪かった時、人はついつい言い訳をしたくなるものです。しかし自分を〝免責〟し続けている限り、それ以上、成長することはできないでしょう。どんな結果も自分の責任として受け入れていく。そのことを学ぶことで、これまで〝他責〟にどれほど転嫁してきたことか。それに気づき始めると、学生たちはガラリと変わっていきます」。

同様に「プラス思考」とは、後ろ向き、マイナス思考にならず、常に前を向いて前進し、解決策を探っていくことだ。「無限大思考」とは、自分自身で限界を作らず、無理と思われていることでも成し遂げていくこと。「自分株式会社思考」とは、自分が一つの株式会社を運営しているつもりで働くこと。常に行動に責任を負い、相手への配慮や感謝の気持ちをもつこと、だという。

“知る”ことと“できる”ことの違いを実践的に諭していく。

他にも「ＴａｋｅｒとＧｉｖｅｒ」という講座がある。これもまた「マインドを見直す」ための象徴的な講座だ。

「子どものときは、誰しもＴａｋｅｒです。そして、大部分の学生もまたＴａｋｅｒのままでしょう。誰かに何かをしてもらって当然。学校で教えてもらっていることも、そもそも学校へ行かせてもらっていることさえも当然のことと考えています。社会人になってでも給料をもらうことが当たり前と考えている人もいるでしょう。でも、社会人として本当に求められるのは、Ｇｉｖｅｒ、与えることとです」と、星野社長は具体的に説明をしてくれた。

「自責」を学んだときと同様に、いまの自分が「Ｔａｋｅｒ」だと気づいた時から、学生は変わり始めます。囚われていた固定概念から解放され、自分と周りとの関係が見えてきたとき、会社、そして社会との向き合い方、関係の築き方が理解できてくる。

コールフォースでは、インターン生に対して全員にキャリア面談も行っている。専門のキャリアコンサルタントが、一人ひとりの学生と面接をして性格や適性、強みと弱み、将来の希望などを詳細に聞き取っていく。

これだけ手間と時間をかけながら、コールフォースではインターン生に対して給料を支払っている。働いているのだから当然といえば当然だが、会社によっては研修も行わず、無休でインターン生を働かせているようなところもあるのが実態だ。そのような会社と比べて手厚過ぎるほどの厚遇だ。なぜそこまでするのか。それは、星野社長自身の学生時代の実体験が大きく影響している……。

学生時代に学習教材会社で支店長となりビジネスを織る

星野社長が、ビジネスキャリアを開始したのは、まだ10代の頃だ。子どもの頃は無性に心配性だったという。そのために〝自信をつけたい〟とクラブ活動のリーダーに名乗りでたり、いろいろなことを試してはみたが、決定的な方法を見つけることはできなかった。

高校生になり、趣味でバイクの塗装に没頭し始めると転機が訪れた。夢中になって塗装を勉強しアルバイトで稼いだお金を塗料や道具代につぎ込むと、遂に自分で〝オーダーメイドサービス〟を始めることにした。

「1つのものをとことん追求するタイプでした。どんどんはまって、はまればはまるほどオファーがくるようになりました。お客さんからとても喜んでいただけて、自分でも本当に嬉しかった。ビジネスとして成り立つようになって実績ができると、それがまた次の実績を生んでいきました」と星野社長は、当時を振り返り話を進めた。

精巧なデザイン性が特徴のオーダーメイド塗装は評判になり注文は増え、雑誌で取り上げられるほどにもなった。するとまた注文が殺到しプロのレーサーやツーリングチームからの注文が入るようになっていった。それまでずっと求めていた「自信を得る」ことができ、「成功体験」にもなったという。

だが、自分一人で仕事をしていても限界があることにも気がついた。塗装は1ヵ月にせいぜい数台できるだけだ。もっと多くの人に喜んで欲しい、もっと多くの人に影響を与えられるような自分になりたい。そのためにきちんとビジネスの勉強をしたい。そう考えた結果、大学の経営学部へと進学したが、それだけでは満足できなかった。

「『知る』ことと『できる』こととは違います。大学では『知る』ことはできる。普通ならそれでよいという気になってしまうのですが、自分が本当に望んでいたのは『できる』ようになること。実践する場が欲しかった」と、星野社長は続ける。

実際のビジネスの場での経験を積みたい。そう考えた星野社長は、大学2年になるとあるベンチャー企業に飛び込んだ。インターン生として小学生向けの学習教材を販売する仕事だった。

見ず知らずの家にいきなり電話をかけてアポ（訪問予約）を取り、その後は営業マンに引き継ぎ見込み客の家を訪問して成約を得る。そのようなフローだった。星野社長はアポ電話をかける担当になった。当時、社員数は3～4人のみ、星野社長は20歳年上の社長から、毎日、直々に電話のかけ方や話し方、アポの取り方までを教えてもらうことができた。これが、後々、非常に貴重な経験になったという。

顔を見せずに声だけで話をして信頼を得ることは簡単ではなかったが、教えてもらったことと自分なりに工夫を重ねたことで、星野社長は徐々に頭角を現し実績を上げていった。

やがて会社のスタッフは増え、社員、アルバイト、インターン生を合わせて10人ほどになった頃には、トップクラスの成績を上げるほどになっていた。

1年ほど経った頃、思わぬチャンスがやってきた。埼玉県の大宮（現・さいたま市）に支店を出すので、この支店長をやってみないかと誘われたのだ。驚いたが自分の力を認めてくれたことが嬉しかった。

「二つ返事で引き受けて、翌日には大宮支店に向かいました。しかし、事務所には電話が置いてあるだけ。そこで社長に電話を入れて『アルバイトもいないのですが……』と訊いたところ、『アホか！お前が集めるんだ！』と言われて目が覚めました。そうか、事業を立ち上げるということはこういうことなのか。自分はこれまでどれだけ甘えていたのか、そのことに気づいたのです」と、星野社長は振り返る。

自責と他責、TakerとGiverに通じる逸話だが、これが星野社長自身の原体験となった。

CALL FORCEで働く大学生には共通の思いと危機感がある。
成長することへの飽くなき意欲と未知への恐怖感だ。
彼らためにに同社が用意する様々なプログラムが
常時、業務とセミナーを繋ぐ時間の中に準備されている。
成長と育成のバランスの絶妙さが星野社長の目指すゴールだ。

情報誌を調べて求人広告を出し、自ら面接をして人を雇った。何をどう質問すればよいのかもわからず、そこで大学の先輩に就活時の面接で何を訊かれたのかを尋ねたこともあった。

ゼロから人を集め、組織を作り、仕事を組み立て始めると、何とか大宮支店の仕事は回り始めた。売上は少しずつ増え、そのたびに人員を増やした。社員数が星野社長も含めて3人、アルバイトが15人ほどになった頃、遂に本社の業績を抜くほどの売上を上げるようになった。大宮支店を立ち上げてから、わずか半年後のことだった……。その上、人件費は本社よりもかからなかったという。いったい何をどうした結果だったのかを星野社長に訊いた。

「かつて本社で仕事をしていたときに、社長に『電話でアポを取った後、家を訪問する営業マンはどれほど成約ができるのですか?』と訊ねた。25%~30%という答えでした。これを50%まで上げられれば、効率を大幅に引き上げることができると思いました」。

大宮支店長になったとき、星野社長はさっそく自分

専任のキャリア・コンサルタントが、常にインターン生と面談をし
彼ら一人ひとりの個性や強み、特性までを完全に把握し教導していく。

社内制度も「唯一無二」で

コールフォースの社内制度は極めて独自性が高い。「住宅手当」では、会社から５キロメートル圏内の物件、家賃は最大８万円の半額４万円が支給される。地方出身者や一時的な利用機会などに便利なのが「寮制度」だ。

出社勤務が難しいスタッフには、「リモートワーク制度」がある。母子家庭のように家を空けにくい人が利用できる。すべてのスタッフが活躍できる環境を作りたいとの意図から策定された社内制度だ。

また「成長支援制度」は、社員の成長のためのセミナーや能力開発、書籍の購入費用などの半額を負担するという制度だ。

「子供手当制度」では、子ども１人につき１ヵ月１万５千円までが支給される。既婚・未婚を問わずに子どもがいるすべての家庭が対象となる。

シングルマザーが働き易い「シングルマザー手当制度」などもあり、福利厚生制度は手厚く整備されている。コールフォースでは、これらの社内制度を"社内チャレンジ"と名付け、今後も「唯一無二」の独自性が高い多種多様な制度を取り揃えていきたいという。

のアイディアを試すことにした。電話でのアポ取りの際、子どもと直接、話しをするようにしたのだ。

最初に電話にでるのはたいてい母親だ。すぐにうち解けることは難しいが、それはこれまでの経験から何とか対応することはできた。最後には、母親に「子どもに絶対にやらせてみる」と言ってもらえるようにはなるのだが、いざ営業マンが訪問すると、断られるケースは少なくなかった。

「子どもが無理やり『勉強させられる』というイメージをもたれると、営業マンが訪問しても部屋から出てこなかったり、逆に家から出て行って帰ってこなかったり……。でも本当は、子ども自身も『成績を上げたい』と思っています。その心理を理解して電話の段階で子どもと直接話をして、自分のやる気次第で成績は上げられる、だから営業マンの話を聞いてみてと諭《さと》すと、子どもが『それだったら話を聞いてみようかな』と思えるように話しをしました」と星野社長は、その秘策を解説してくれた。

そこまでの事前準備ができていれば、営業マンが訪問したときは、子どもも親も話を聞く心構えはできている。その結果、成約率は50%を超えた。営業マンにとっても自分の成績が上がり、次の訪問への意欲もわいてくる。プラスのスパイラル効果で大宮支店の業績は急上昇していった。

大学4年になって就職活動を始めた時、就職氷河期で多くの学生たちが苦戦を強いられていたにもかかわらず、星野社長は希望するコンサルティングファームから次々と内定を得ることができた。インターンシップでビジネスの第一線で経験を積んだことが、いかに貴重だったのかを改めて知った。

結局、星野社長は就職することなく教材会社の上司と共に、大学在学中に現在のコールフォースを立ち上げたのだが、このときの記憶は強く残った。

当初、NTTの販売受託会社としてスタートしたコールフォースは、1期目から1億円の売上を上げる好調な滑り出しをみせ、その後も順調に売上を伸ばしていき、コールセンター事業、BS事業、CC事業へと事業を拡充していく。

事業の拡充と共に、社員やアルバイトの人員数も増やしていったが、インターン生を大勢迎え入れてきたのは、「自分と同じように学生のときからビジネスの経験を積んで欲しい」、そんな星野社長の強い気持ちの表れからだ。

面談での高精度なマッチング「唯一無二」の人材輩出を支援

インターンシップ事業とは、実際にどのようなビジネスモデルになるのだろうか。星野社長は、より精度の高いマッチングモデルの実現を考えている。

「インターン生は『自責』をはじめ当社の『13の仕事観』を身に付け、かつ実際の営業経験ももっています。このように即戦力となる人材を企業は望んでいます。またインターン生には全員キャリア面談を行っているので、彼らがどのような強みや特性をもち、どのような会社を希望しているのか、私たちは詳細まで把握しています。会社説明会を行うときも集まってきた企業に対して、特に関心をもたれるような学生をあらかじめ選ぶことができます」と、星野社長は話す。

学生〝一人の採用につきいくら〟というような人材紹介をするつもりはまったくもってない。説明会を開くときも、学生側も企業側もどちらもが情報は乏しく、また双方ともが腹の探り合いをするようなものにはしたくないという。

インターン生にとっては、希望する業種や分野の企業担当者とダイレクトに会うことができ、企業にとっては入社する気持ちが満ち溢れる学生とピンポイントで出会えるような準備をする。そうすれば採用までの道のりは断然に短くなり、お互いに無駄な手間や時間をかける必要はなくなる。精度の高いマッチングが、最適な就職を実現することになる。

コールフォースでは、2018年、実験的に合同説明会を開催した。その時は5社の企業が参加し、12人のインターン生が出席した。

「司会進行役を当社の社員が務めたことも幸いしました。インターン生にとっては顔馴染みなので緊張感

星野社長の趣味はカラオケ・餃子・旅行・温泉

「子どものときから人と一緒は嫌だ、と“ファイナルファンタジー”や“ドラクエ”などの流行りのゲームもやりませんでした」。

星野社長の趣味もまた「唯一無二」主義だ。そのうえしかも多種多彩だ。まずはカラオケ。実は学生時代に“ラップ”をやりバンドではギターを弾いていたという。宴会の席で興が乗れば、どちらかは必ず披露してくれるだろうと聞いた。

ここ5年ほど凝っているのが、うまいものを求めての「食べ歩き」だ。特に餃子が好物で評判の土地へはたいてい足を運んだという。「一番うまかったのが、浜松餃子」。野菜とニンニクの味が忘れられないという。次が岐阜餃子と宇都宮餃子。地元・横浜中華街の餃子ももちろん入る。餃子をつまみに飲む酒は紹興酒がいいとのことだ。

温泉も好きで、ときどき思いついたようにふらりと出かける。どこへ行くにもいまは一人旅。それも30歳までと決めてはいたそうだが、もうすぐ誕生日がやってくるという。しかし以降も、しばらくの間は、「このまま続きそうだ」と最後に、はにかみながらも教えてくれた。

もなく早い段階からうち解け『君はこの企業が向いているのでは……』、そんな会話も飛び交うほどでした。企業側も、自社に興味があり事前勉強もしている学生が集まっているので、会社をよく見せようなどと肩に力を入れる必要もありません。とてもリラックスして進められたようです」と星野社長は、そのときの成果を説明してくれた。

結果は、12人中、すぐに2人の採用が決まった。キャリア面談の事前情報に基づき、マッチング度を高めた結果が確実に表れたのだ。

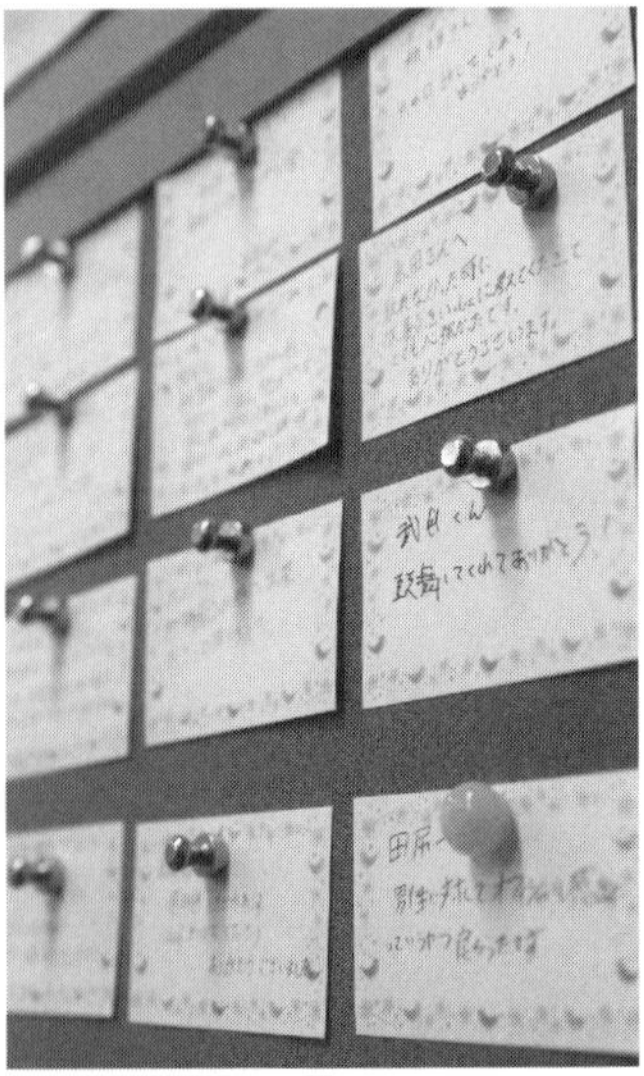

CALL FORCEの社員平均年齢は25歳だという。若々しい感性と真摯さが描くこの国の未来図とは。

コールフォースには、旺盛な意欲と世界の雇用実態を知り危機感をもったインターン生が真剣な面持ちで集まっている。一方、優れた企業でありながら、学生の目に触れる機会がないために人材の獲得に苦労している企業は多い。特に中小の企業やベンチャー企業などが顕著な例だ。

「そのような企業にこそ、自分の能力や特性を活かして働きたいという学生にはピッタリのはずです。これから大きくなっていくベンチャー企業にこそ、このような合同説明会に積極的に参加して欲しいと考えています」と、星野社長は話す。

コールフォースで働くインターン生を現在の約80人から、将来は300人まで増やす計画だという。ビジネスを学び、体験し、キャリア面談で詳細に自分自身を知り、卒業時には存分に力を発揮できる道を見つけていく……。このように毎年、意欲に溢れ、気高いマインドをもった人材が輩出されていく。このようなサイクルをもっと創っていきたいと、星野社長は最後に締め括った。

星野社長の言葉には
清々しい潔さがある……。
“他にはできない事業で
あらたな価値を創出”していくために
常に前向きに努力を積み重ねる。
“没頭できることを独自の道を歩き成し遂げる”
という難題をものともしない者が
放つ響きがある。

社名	CALL FORCE株式会社 CALL FORCE CO., LTD.
本社所在地	〒221-0835 神奈川県横浜市神奈川区 鶴屋町3-30-5 タクエー横浜西口ビル9階 Tel ：045-872-2777 Fax ：045-272-9477 URL ：https://c-force.co.jp
代表者	代表取締役　星野 純一
設立	2011年9月
資本金	1,000万円（2018年8月現在）
事業内容	IoT Navi事業 オフィスコンサルティング事業 インターネット回線事業 インターンシップ事業

コンバージョンテクノロジー株式会社

Webマーケティングの世界にあって、常に新しく斬新なアイディアが日常となった現在
仕掛ける側と受け取る側の双方の要望と欲求を満たし、成果を上げ
最終ゴールへと導くことは至難の技だ。
その極めて難解な問いを、AIと人財を駆使して疾走する、若き戦士たちを視た。

コンバージョン、成果を上げるための最強のソリューションを開発し提供する

ESSENTIAL INNOVATOR

企業にとって、マーケティングや広告・PR行為は
自社の商品やサービスなどの情報をユーザーに届けるための
最強の手法であることに誰も異論を挟む余地はないはずだ。
しかし、Webの普及と利便性の躍進によって
この仕組みは大きく変貌し、担い手も栄枯衰勢を繰り返す。
ここに、この群雄割拠に割って入り、一躍、頂点を目指す
技能者集団がいる。"コンバージョン"を社名とする
彼らの実態と目論み、そして近未来の姿を探った。

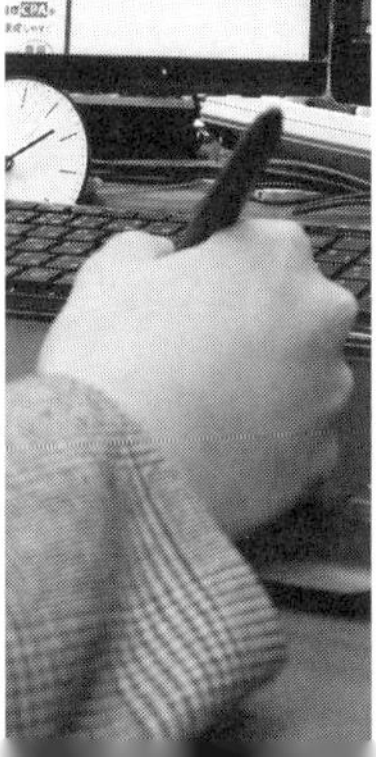

データ活用で独自の価値を創る

Webほど、ダイナミックに変化し続ける世界はありません。Webマーケティングにおける意思決定に必要なデータもまた、刻々と変化しながら、増え続けています。

これらをしっかりと把握し、分析を行うことで、新しい使い方や価値を生み出すことが可能になります。

コンバージョンテクノロジーでは、独自のテクノロジーでこれら蓄積された膨大なデータの分析を行い、データ活用の加速を可能にしました。

AI（人工知能）も自社開発して、マーケティング担当者が抱えていた多くの課題の解決を図っています。

コンバージョンテクノロジー株式会社　代表取締役社長

Top Message

shimizu yusuke 清水 佑介

独自開発・運用サービス〝Ka・iU（回遊）〟でコンバージョン率を飛躍的にアップさせAIを導入した新サービスでデータ活用の加速を図る。

ポップアップで〝離脱を回避する〟Ka・iU（回遊）の提供によって難しかったコンバージョン率のアップに成功する。AIによる第2弾、第3弾の独自製品の開発も次々と進めるその先に見据えるものは……。

「クライアントのマーケティング担当者が常に気に掛けていることが、コンバージョン率です。成約率とか、購入率とか、問い合わせ率とも言われるものですが、企業の広告ではありとあらゆることをやり切っているところが多く、テレビ番組などでのタイアップ企画では、そのときの〝瞬間的な効果〟は未だに凄いものもありますが、持続性が弱く継続するとなると企業側に十分な体力が要ります。その点、コンバージョン率の向上に特化したKa・iU（回遊）を導入すれば、着実に継続して成果を上げることができます」。

東京六本木に本社を置くコンバージョンテクノロジーは、社名の通り「コンバージョン率」を上げるツール、Ka・iUを提供する会社だ。清水佑介社長は、その効果の高さをこう説明してくれた。

今では、どのような企業であっても自社のホームページを持つことは当然のこととなった。しかもそこで、単に会社の案内をしていればいいわけではなく、そのサイトに何人の人が訪れ、どのページを見て、その結果、どのような成果に結びついたのか？　「サイトの効果」が問われるようになった。通販のECサイトや、広告やPRなどの企業サイトならば、目的はいっそう明確だ。サイトを訪れた人が、商品を購入したのか、サービスを利用したのか。総アクセス数のうち、どれほど現実の成果に繋がったのかというコンバージョン率に強い視線が注がれている。

だが、Web広告を始めてしばらく経つと、どの企業も壁にぶつかる。技術は日進月歩で、常に新しい手法やサービスなどが現れるが、すぐに普及して他と差をつけることは難しい。あの手この手を駆使しても成果を上げられるのはほんの僅かだ。むしろそのためのコストが問題になってしまうのが現実だ。

こんな膠着状態の中、一歩抜け出たのがコンバージョンテクノロジーのKaiUだ。

「仕組みは非常にシンプルです。サイトを訪れた人が、前のページへ戻ろうとしたり、ブラウザを閉じようとしたりすると、ポップアップが表示されて〝離脱を防止〟します」と、清水社長は自社製品をこう解説する。

ポップアップには、ユーザーが興味を惹く新しい情報を載せたり、別の行動を促すような仕掛けが施されている。ユーザーはもう一度、そのサイトを見てみようかという気になり、文字通り〝回遊〟するうちに、最終的には商品を購入したり、サービス提供を受ける許可を出したりする、というわけだ。

だが、ポップアップを1つ表示するだけで、そうも簡単にいくのだろうか……。

「（ポップアップの）出し方は、かなりきめ細かく設定できます。ユーザーが、そのサイトを初めて訪れた時だけに出すようにしたり、逆に何度か訪れた後に出すようにしたり。また、訪問回数ばかりではなく、サイトにどのぐらいの間留まっているのか、滞在時間によって出すこともできます。そのサイトに来る以前の訪問元を判別して、その人が興味を惹くような情報内容を表示させることも可能ですし、逆にあまりしつこくならないように、出さないことも……。あらゆる設定ができるような仕様となっています」。

同じコンバージョン率という言葉を使っても、ある企業にとっては商品を購入してもらうことが目的だが、別の企業にとっては、会員登録がゴールになっている。一方、訪れるユーザー側も一括《ひとくく》りにすることはできない。ふらりと通販サイトを訪れ、ただ時間つぶしをしている人もいれば、今日中に次の住居を探さなければと血眼になっている人もいる。企業側の目的と、ユーザー側の行動や傾向、ニーズを読み取り、出すべきポップアップを選び、適切なタイミングで表示するのは至難の技とも言えるだろう。

例えば、サイトを初めて訪れた人には「初回限定」のポップアップでお得感を出す。また競合サイトから回ってきた人に対しては、類似品と比較して自社製品の利点がわかるページに誘導する。カートに商品が入ったまま離脱しようとすれば、それを知らせて買い忘れを防止する……。

シンプルだが、きめ細かな設定によって、購入や登録などといった成果・コンバージョンへと至ることができるわけだ。

社内では、営業・企画・技術・管理などの社員たちが
常に一つの塊となって新たなサービスを生み出していく。

コンバージョン率アップのカギは
どこまでユーザー側にある
リアルな行動心理を読めるか

現在、ＫａｉＵを利用している企業数は約２００社に及ぶ。大手通販サイトをはじめ、不動産、保険、金融、専門学校と業種は実に幅広く、メーカーが自社製品の直販のために導入しているところもある。そして、どの企業でも現実にコンバージョン率は格段にアップしているという。

「ポップアップを表示した時、ユーザーがそれをクリックする割合は18・2％、その後に商品を購入する割合は16・7％に及びます。大手の通販サイトでは、1週間で１４００件～１５００件の注文が増えて、売上が3千万円増加したところもあります」と清水社長は、その具体的な成果を挙げて話してくれた。

一方、ＫａｉＵの利用料は月に10万円からスタートし、アクセス数に応じて増額する従量課金制だが、多くてもせいぜい40万円～50万円だという。それでこれだけの成果が上がれば、クライアント側では、十分に満足のいく成果となるだろう。

ある〝ゴルフ場とのマッチングサイト〟では、ＫａｉＵを導入して、ポップアップに電話番号を表示するようにした。すると、それまでサイトを通じての電話予約が月に1～2件ほどだったものが、1日に3件～5件ほど、月にして１３０件にも跳ね上がった。10％～15％どころか、６５０％～１３００％になった計算となる。

「いったい何が起きたのか。ログデータを分析したところ、ユーザーである50歳代、60歳代の方たちは以前、このマッチングサイトでゴルフ場が空いていることを知ると、そのゴルフ場の電話番号を調べて、直接、電話を入れていたようなんです。（マッチングサイトの入力画面に）いちいち入力するのが面倒だったんですね」という。

マッチングサイトを運営する側としては、自社経由で予約してもらわなければ手数料を得ることができない。同じ電話をかけるならば、マッチングサイトの予

同社を率いる清水社長は、広告代理店から転身し市場を席巻するサービスを創った。

約受付に電話をして欲しい……。

　そこで、スマートフォンのサイトにＫａ・ｉＵを導入して、ユーザーがサイトを離れようとすると、マッチングサイトの電話番号がポップアップで表示されるようにした。サイトを離れようとしているのは、もしかして自分でゴルフ場の電話番号を調べるためだ。そのタイミングで目の前にマッチングサイトの電話番号を表示すれば、「何だ、調べるまでもないか」と、ユーザーは迷わずその番号を〝タッチ〟する。

　それだけではなかった。スマホで効果が上がるならばと、ＰＣのサイトでもやはりＫａ・ｉＵを導入し、サイトでの滞在時間が一定時間を超えると、ポップアップを表示するようにした。

「その間、ユーザーは（ブラウザの別のタブで）他のゴルフ場のサイトを検索しているに違いない。そのタイミングでポップアップを表示するようにしたところ、やはりマッチングサイト側に電話が入るようになりました」と、清水社長はユーザー側の行動パターンと隠れた心理模様を教えてくれた。

スマホのサイトにもPCのサイトにも、もともと入力をして予約を申し込むページは存在した。だが、どちらも滅多に使われることはなく、電話番号を表示した途端、電話での連絡が入り始めたという。

Webの機能はますます便利になる一方で、誰もがその機能を十分に理解して使いこなしているわけではない。利用する顧客が50歳代〜60歳代だったこともあり、むしろ使い慣れた電話を好むユーザーが圧倒的に多かったのだ。技術や機能の向上に目を向けることはもちろん大事だが、ユーザーが本当に何を望んでいるのか、どう行動しようとしているのか、自然で、負荷のない手順や仕組みを整えるだけでも、これまで取りこぼしてきた数多くの機会を自らのものにすることができるのだ。

同じような現象は、不動産のサイトでも現れている。全国の不動産物件を検索し調べられるサイトでは、ユーザーが離脱しようとする時、LINEの「友達追加」のポップアップを表示するようにした。

「同じような検索サイトは他にもありますし、そこで同じ物件を扱っていることも珍しくはありません。そこで〝ワン・トゥー・ワン〟のコミュニケーションができるようにして差別化を図りました。『渋谷へお勤めなので、東横線沿線で物件をお探しなのですね。都内がいいでしょうか、それとも神奈川県下まで考えていらっしゃいますか？』。LINEのやりとりからユーザーの本当のニーズを知ったうえで営業ができま

「目立たないような存在がいい」と裏方にあえて徹する。

す。ユーザーにとってはＬＩＮＥで熟考してから内見するので判断が早くなり、企業側にとっては内見に付き添うような間接コストが大幅に下がったと聞いています」。

ユーザーがポップアップ画面をタップした後、ＬＩＮＥの友達として、男性・女性・ファミリー向けのスタッフから選べるようにしたことも見逃せない。見知らぬ人間とやりとりする不安を、可能な限り払拭し、気軽に、まるで対面しているような情報交換を可能にした。

やりつくしたWeb広告の中で「頭ひとつ抜け出た存在」になる

「ランディングページ作りましょうとか、バナーを変えましょうとか、Ｆａｃｅｂｏｏｋでこんな機能が出たので試してみましょうとか。これまで、ありとあらゆることを提案しましたが、いってみればどれも小手先のこと。最後には1件あたり1万円でコンバージョンが獲得できるので、１００万円あれば１００人増えますよと、お金の話になってしまいます。そんな話の繰り返しで、提案している僕らも切なくなっていました（笑）」と、清水社長は振り返る。

Ｋａ・ｉＵはどのように生まれたのか。コンバージョン率を上げたいという各企業の切実な願いに対し、広告代理業者としてあらゆることを考え、提案し、実行した、というのが清水社長自身の実体験だ。

なんとか、この状態から抜け出したい。そう考えていた矢先に清水社長は、リターゲティング広告について、クライアント側とユーザー側での捉え方がまったく違っていることに気がついた。

リターゲティング広告とは、ユーザーが一度あるサイトを訪れれば、サイトを離れた後も、機会を捉えて何度も広告を出す手法だ。たとえば旅行に行きたいと旅行サイトを見ると、他のサイトに移った後も旅行に関する広告がついて回る。一度サイトを訪れたので、このユーザーはおそらく、その内容に興味があるはずと、追いかける仕組みの広告だ。本当に興味があれば広告をクリックするだろう。実際に、清水社長が扱っていた時も、リターゲティング広告は一定の成果を上げ、クライアントはそれに満足していた。

しかし、清水社長はユーザーが必ずしも、広告を提供する側の期待するような行動をとっていたわけではないことに気がついていた。

「リターゲティング広告は30日〜90日ほど追いかけるように設定できるんですが、長くしたところで、現実、〝コンバージョンする〟のはサイトを離れてせいぜい1日目でした。2日目、3日目にサイトを再訪問してくれる人もいたのですが、ほとんどの場合、日数を置けば置くほど減っていく一方でした」。

いくらユーザーが興味をもったとしても、長期間追いかけたところで、それほど効果は上がっていなかったのだ。それだけではなかった。商品を購入したり、サービスを利用した後も、相変わらず広告は追いかけてくる。何度も表示される広告にユーザーはうんざりし、かえってブランドイメージが損なわれている可能性があった。ユーザーは広告を消したり拒否したりすることもできるが、そこまでする人は数少ない。

リスクを抱えているのに、クライアントは売上が上がっているという結果だけを見て満足していた。だが、それよりももっと確実な方法があった……。

「日を置かずに再度ユーザーの目に触れさせることが最も広告効果が高いのであれば、できれば1日以内、いや、それよりもサイトを離れる前にアクションを取って、（購入などを）決断してもらうのが一番よいのではないかと思ったわけです」。

現実に、同じサイトのあちこちを〝回遊〟する人ほどそのサイトで商品を購入したり、サービスを利用する割合が高くなることはデータ上では明確にわかっていた。興味があるからサイト内を〝回遊〟し、商品を購入する。当たり前のようだが、逆もあり得る。つまり〝回遊〟を促せば興味がかきたてられ、購入や利用に結びつくこともあり得るはずだ。サイトを離れようとした時に、〝離脱防止のためにポップアップを表示する〟という、アイディアはこうして生まれた。

Ｋａ・ｉＵの機能を使いこなすことも効果をあげることもすべては活用する「人」しだい

シンプルでわかりやすい手法と、目的やユーザーに応じて細かく設定できる仕組み、そして低料金。これらが揃い、Ｋａ・ｉＵは支持されるものになっていったことがわかる。だがもう一つ、コンバージョンテクノロジーが重視してきた、「人」の部分も見逃すことができない。

「ＩＴ企業として、システマチックにできるところはそうすれば効率的なのは間違いありません。すべてシステムで済むのでしたら、それこそロボットが営業して勝手に集金までしてもらえばいい。しかし決してそうはなりません。忘れてはならないのが、やはり人との繋がりです」と、清水社長は話す。

Ｋａ・ｉＵ導入後のサポートを手厚くした。ポップアップを表示する条件の設定は、クライアント側で操作することは可能だが、実質的には、コンバージョンテクノロジー側が請け負っているケースは多いんです。先方の担当者と綿密に打ち合わせて要望を聞き取り、コンバージョンテクノロジーがもつ豊富なデータやノウハウと突き合わせながら、最適なタイミングで、最良のポップアップを表示するように設定しているという。

ポップアップもまた、〝追いかけ広告〟と同様、ユーザーが執拗と感じたり、煩わしく思うものになりかねない。ユーザーが、自然に情報に興味をもつように、適切な内容を、最適なタイミングでポップアップを表示する。微妙な調整を可能にするのも「人」への観察眼があればこそだ。

また、Ｋａ・ｉＵがこれだけ豊富な機能をもったこと自体、顧客側の要望一つひとつに耳を傾けた結果だ。

当初Ｋａ・ｉＵは、清水社長が仕様を定めてシステム会社に外注して作ったが、その後、直接、エンジニアたちを雇用してシステムに磨きをかけた。現在のように安定して使えるものになったのはこのためだ。

Ｗｅｂ関連のサービスでは、常時、目新しいアイディアが登場し、実際に優れたものも多い。だが専門性に特化するあまり、普通の人が使いこなせないものも数多いのが現実だ。

「サポートすることは当たり前」の精神で顧客と向き合い続けたことで、ＫａｉＵは豊富な機能を追加装備し、誰にとっても使い易いものになっていった、という。

膨大なデータの蓄積を活用して新しいサービスを開発する

ＫａｉＵを導入した企業からは、日々、膨大なデータが集まってくる。コンバージョンテクノロジーでは、これらを活用してこの春、Ｗｅｂ広告を最適化する新しいサービスをリリースした。

「ＫａｉＵサーバへの総アクセス数は、これまでの累計で３３０億回に及びます。コンバージョンに繋げられた数は３１２０万、離脱を抑制し機会損失を抑止した総数は２億３千４百万回。これらのナレッジの蓄積を基に、ＡＩを用いて提供するのが『広告の最適化』です」。

それが「AI AD Optimization from KaiU（エーアイ・アド・オプティマイゼーション・フロム・ＫａｉＵ）〝ＡＡＯ〟だ。膨大なデータを分析することで、顧客によって適切な広告を配信する仕組みだ。

“KaiU”と“AAO”は同社の基幹サービスだ。マーケティングの要諦を掴んだ機能を満載する。

例えば、通販サイトでは、顧客の購入回数によっていくつかのクラスターに分類する。購入回数の多い人たちをS群と定め、以下、金額の高い順にA群、B群、C群と分類（＊次ページの図表参照）している。

「もっと売上を上げたい、コンバージョンを最大化したいのであれば、S群からB群の優良顧客から見込み顧客までに集中的に広告を打ちます。一方、広告の予算を削減したいのであれば、A群、B群、C群に広告を配信します。S群は、いわゆる〝ファン〟の可能性が高く、広告を配信しなくても利用して貰える割合が高いです。D群以下は、何をしても購入には至らない。可能性のある顧客に集中して広告を配信することで、広告の無駄打ち数を減らして、売上を維持しつつ、予算が抑えられるわけです」と、清水社長は説明する。

顧客分類方法はそれだけではない。新規にサイトを訪れた人だけを選び出し、そこに向けて集中的に広告

自社製品がもたらした2つの意外な効果

「広告を最適化するAAOをリリースしようとした時、社内では、『KaiUアド・オプティマイゼーション』など、『KaiU（回遊）』の名を入れて欲しいという声が挙がりました。僕はそんなに長くしたくないと言ったのですが、社員たちは、『だってウチはKaiUブランドでやっているじゃないですか』と言うんです。みんなKaiUに愛着あるんだなと改めて思いました。これはすごいことだと」と清水社長は話す。

広告代理業から転換し、自社製品のKaiUを出してから約2年半。着実に成果をあげるシステムの支持は上がり、経営も軌道に乗っている。たが、もう一つ、社員の姿勢に清水社長自身、驚かされたという。

振り返ればもう一つの効果も表れている。KaiUを始めてから、社員は誰も辞めていないのだ。広告代理業のときは、2〜3年でノウハウを吸収、短ければ1年で、社員はどんどん転職していた。自社製品を持つことがいかに社員の気持ちに影響するか。その重要さを、清水社長は改めて感じているという。

を配信して、会員登録を促すこともできる。

「サイトで商品を購入したのに、その後もずっと広告が追いかけてくることを、ＡＡＯによってなくすことができます」。

すでに購入した人を広告配信の対象から外すことはもちろん、ユーザーがその商品に対して興味を失っていれば、それも推測して広告を出さないようにもできる。クラスターの分け方も、それに応じた広告の配信方法も、ＡＩが最適な解決法を考える。このＡＩは、コンバージョンテクノロジー社内で独自に開発したものだ。

最後に、ＫａｉＵとＡＡＯの特徴にもう一つ触れておく必要があるだろう。どちらもユーザーの行動や傾向を把握して、ポップアップを表示したり、適切な広告配信を可能にするサービスだが、いずれも顧客の個人情報を扱ってはいないという点だ。個人情報を収集することはないが、同じ人がサイトを訪れれば、再来したことを認識して、どのページを見て回ったのか、どれほどの時間滞在したのか、それらを把握して、そ

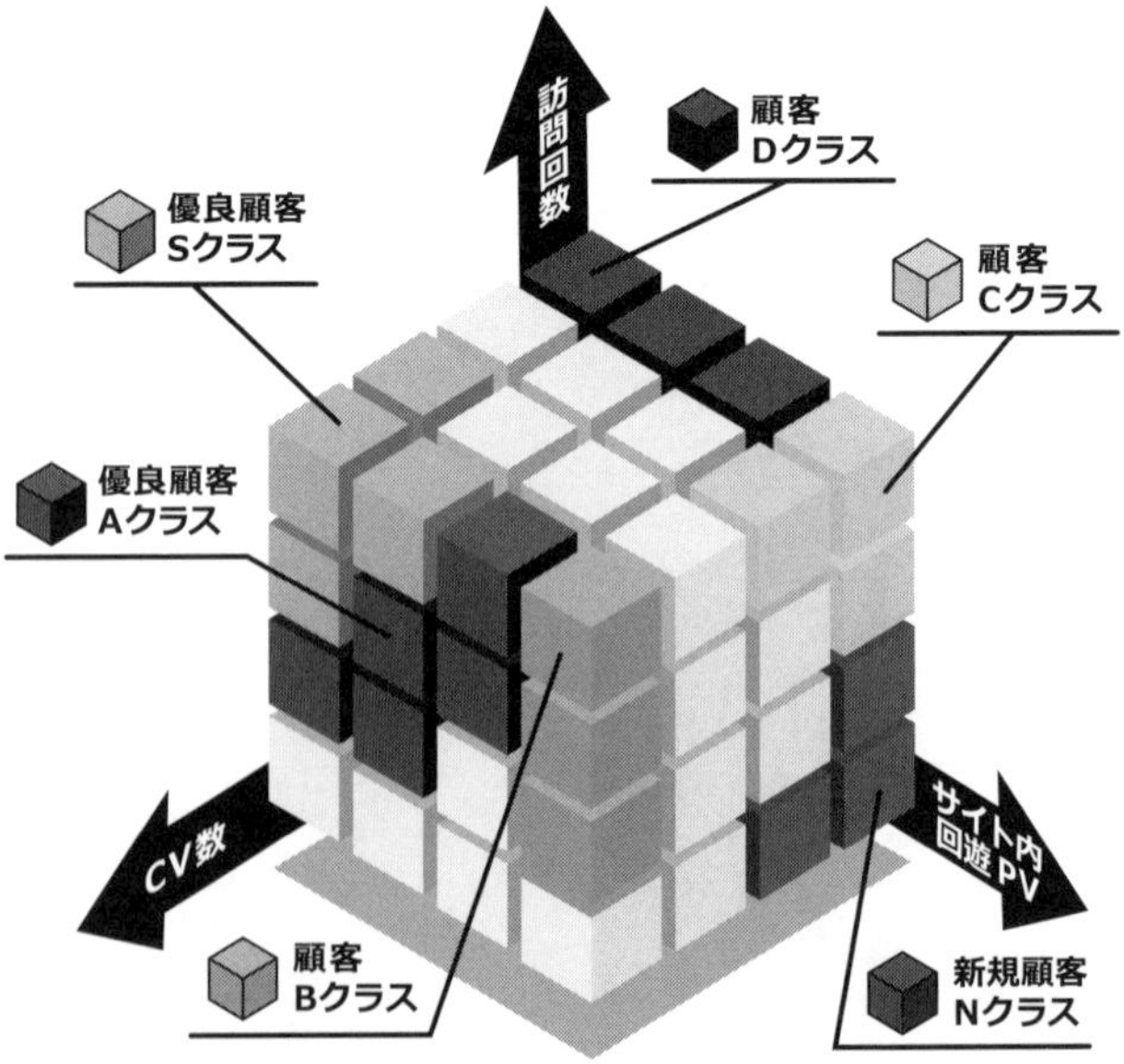

れに応じたポップアップや広告を選んで表示する。

「今はどこでも〝ホスピタリティの追求〟というような言葉を使って、個人に特化したサービスと称して無理矢理、追いかける傾向があります。しかし、消費者は本当にそれを望んでいるのでしょうか。『あなたは花粉症なんですよね。だから私たちは薬もマスクもティッシュも全部用意してあげます。買い忘れないように連絡もしてあげますよ』。特別扱いされて喜ぶ人もいるでしょうが、まるで監視されているように感じる人も多いはずです」。

個人情報を収集しないことは、ユーザーにとっては最大の安心材料となるはずだ。今ではどこのサイトでも登録を促し、気がつけば大量の個人情報を吸い上げられて、後々、気づくことは珍しくない。ＫａｉＵやＡＡＯには、そのような不安はいっさいない。

活用する企業側にとっても、そのメリットはとても

趣味は1歳2ヵ月の娘を一眼で“パシャパシャ”

清水社長の趣味は「子育てとカメラ」。その両方を満たすのが、一眼カメラで1歳2ヵ月（2019年3月現在）になるお嬢さんを“パシャパシャ！”と撮ることだという。

「思い切ってソニーのフルサイズ、センサーの一眼カメラを買いました。撮影のために半年ほど学校にも行ったんです」と、本格的な気の入れようだ。学校で「うまくなるから」と言われレンズもズームではなく、広角・望遠・ポートレート用の3種の単焦点レンズを購入。週末ともなれば、お嬢さんをベビーカーや抱っこひもで外に連れ出し、日夜、撮影に励んでいるという。

写真は2019年3月3日、ひな祭りの時に撮影したものだ。ぼんぼりのほのかな灯りに照らされた“お嬢さんの穏やかな表情”が愛らしい。雛人形の背景と共に適切な露出になっているのは学習した賜物だ。今は主にFacebookにアップしているという。

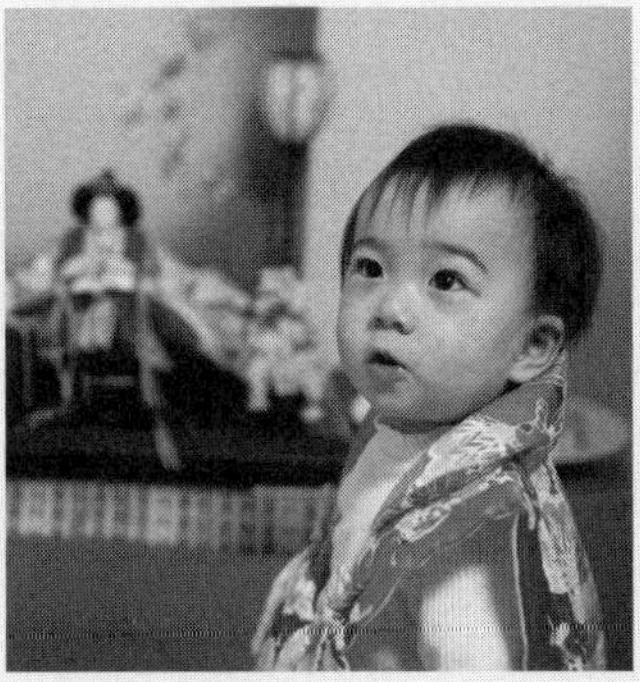

大きい。個人情報を扱おうとすれば、管理のために特別なセキュリティ体制を敷くなどして、手間も資金も桁違いな額になる。また、ひとたび個人情報が漏洩・流出でもすれば、企業の信用問題にもなりかねない。Ｋａ·ｉＵもＡＡＯにもそのようなリスクはまったくなく、手軽に使い始めることができる。低料金なのも、そもそも個人情報を扱っていないためだ。

コンバージョンテクノロジーの強みの1つ目は、エンジニアを直接雇用してＫａ·ｉＵやＡＡＯなどの自社製品を独自に開発したこと。もう1つが、広告代理業で培ってきた「人」との関係性を大事にしてきたこと。この2つの理念とミッションにより、コンバージョンテクノロジーは、デジタル広告業界において独特のポジションを築くことができた。また、この2つが揃ったことで、技術一辺倒には偏らず、常にクライアント側の要望を汲み取り、消費者・ネットユーザーが本当に望むものを読み取りながら、独自のユニークなサービスを形にしてきた。

「これからもデジタルマーケティング業界に対して、自社製品による様々なソリューションを提供していきます」と、清水社長は話す。

Ｋａ·ｉＵ、ＡＡＯに続く第3弾、第4弾目の自社製品を創っていきたいという。これらもまたＫａ·ｉＵ、ＡＡＯと同様、膨大なデータとその解析技術を活かして、これまでよりもスケールアップした独自のサービスになっていくことは想像に難くない。

「日本のＷｅｂ広告市場は1·7兆円（＊2018年度調査結果）。近い将来、テレビ広告を抜くとも言われています。いずれは、そのうちの数％のシェアを取ってみたいと考えています。そのために今は、会社の企業価値を上げること、そして、自分自身の経営者としての人物評価を上げること。この2つを進めながら、近い将来、ＩＰＯ（新規株式公開）をしたいですね」と、清水社長はその胸のうちを明かしてくれた。

この言葉は、ただの絵空事や夢物語の話ではない。そこへと至る道筋も、スケジュールも、近未来の会社の姿なども、清水社長の頭の中には、その仕様がすでにでき上がっている。

整然としたオフィスから一歩外に出てみると
そこには最先端で、多国籍な雑踏が広がる。
夜の華やかな歓楽街と昼のビジネス街。
人とAIのような対称的な世界に佇む。

社名	コンバージョンテクノロジー株式会社 Conversion Technology, Inc.
本社所在地	〒106-0032 東京都港区六本木4-8-7 六本木三河台ビル5階 Tel ：03-6890-5377 Fax：03-6890-5378 URL： https://conversion-technology.co.jp
代表者	代表取締役社長　清水 佑介
設立	2003年11月
資本金	1億5,190万円（2018年8月現在）
事業内容	コンバージョン爆上げツール「KaiU」 及びAIがコンバージョンを最適化する 「AAO（AI Ad Optimization）」 の提供

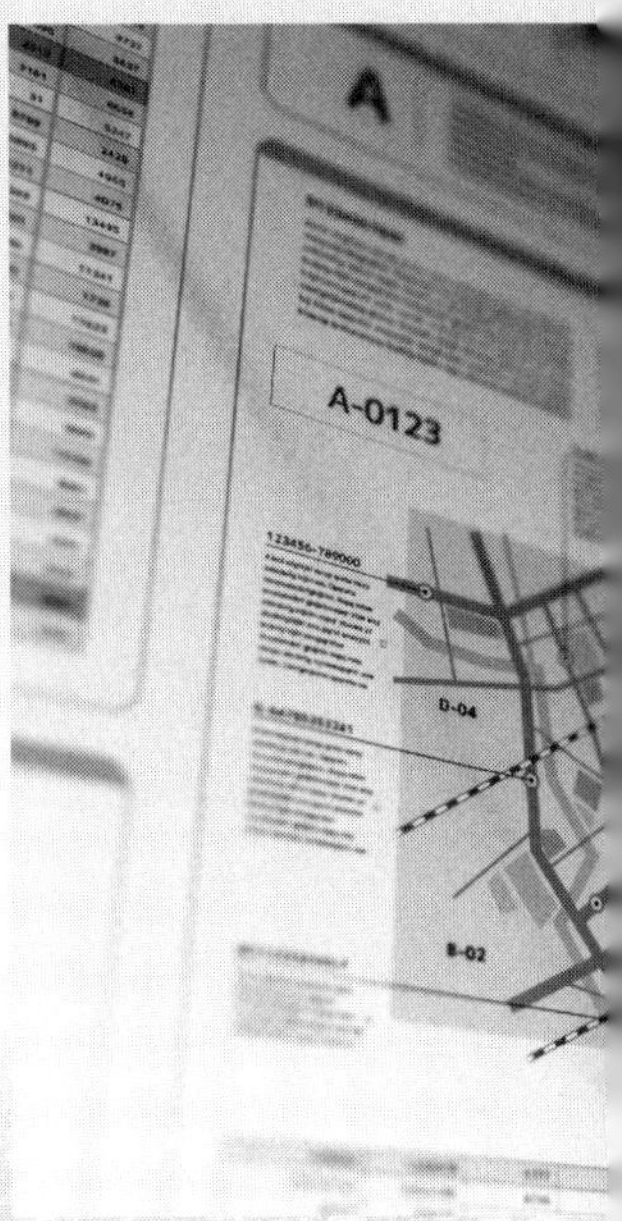

農業法人
株式会社サラダボウル

農業を一生涯の仕事にするほどの、挑戦的且つ、理想に燃えた事業家が出現しないのが、現在の日本の実態であり、最大の弱点だ。

この厚い殻を打ち破り、革命的とも言える事業を興した会社が出現し注目を集める。

彼らの視線の先にある農業のカタチとは、常に進化し最先端の科学で裏打ちされる。

理念《ビジョン》と科学《エビデンス》を基に経営手法を創造し
農業従事者の幸せを体現する企業体

E S S E N T I A L　I N N O V A T O R

我が国の1次産業の衰退は、私たちの未来に暗雲をたちこめる。
農業は、人類の歴史が始まって以来、その国と人々の富の核を成し
「農業革命」を経て、一気に経済の主舞台へと駆け上る。
だが、産業革命、情報革命へと連綿と続く時代の流れのなかで
テクノロジーの発展や革新に置き去りにされてきたのも事実だ。
農業に、現代の経営手法と最先端科学・技術を持ち込み
「新たな農業のカタチ」を模索し、着実な成果と実績を上げている
企業が出現し、いま最も注目を集める日本企業へと踊り出た。
その仕事現場で、想像を遥かに超えた“農業の現実”を視た。

農業のカタチとイメージを変えていく！

農業は、アカデミックでクリエイティブな仕事だ。「農業はめちゃめちゃカッコいい！」ことを自ら実践し、たくさんの人に胸を張って伝えていきたい。

農業に従事する人が、幸せに生きていける仕事にしたい！楽しくて、面白くて、ワクワクすることを一緒にやっていく。自ら価値を創り出し、共に成長して、農業の「新しいカタチ」を創っていきたい。

農業で自分たちがやりたいことだけをやる！ やりたいことに誰もが手を挙げ、地域や社会からも喜んでもらえる。そんな会社にしていくことが、私の役割です。

農業法人 株式会社サラダボウル　代表取締役

Top Message　tanaka susumu 田中 進

農業は、クリエイティブな仕事だ。何より面白くて、ワクワクすることをやり農業で人を幸せにし、社会を豊かにする。

〝ものづくり〟手法を導入した最適化された大規模農場の経営。そこでは人材育成や生産工程管理などの経営マネジメントを実践しＡＩやＩｏＴ、ロボティクスなどの最先端技術も果敢に導入している。

山梨県の北西部に位置する北杜《ほくと》市は２００４～２００６年にかけて9町村が合併してできた市だ。釜無《かまなし》川沿いに旧武川《むかわ》町の市街地が広がるが、そこから西へ向かって車で約10分。両脇を樹木で覆われた坂道をアクセルを踏み込みながら登っていくと、突然、視界が開ける。

標高７００メートル付近。眼下に現れるのがアグリビジョン株式会社のトマト栽培の大規模施設「南アルプス農園」だ。よくこんな傾斜地にこれほどの平地を作れたと思えるほどの広さの土地、サッカーグランド7つ分に相当する約５・８ｈａを切り拓き、そこに幅２００ｍ、奥行き１５０ｍにもわたる大規模なビニルハウスが鎮座している。山梨県では最大の規模を誇るという。

見上げれば甲斐駒ケ岳をはじめ南アルプスの山々が、反対側には八ヶ岳が望める環境の中、数えきれないほどの三角屋根が規則正しく広がる光景に圧倒される。施設内を案内されると、これら無数の屋根の下はすべて繋がっていて、床面積3haの巨大な一つの施設であることにさらに驚く。

「鉄柱は韓国製、(日除けの)カーテンはスウェーデン製、また潅水装置はイスラエルから、環境制御システムはオランダから取り寄せました」。

こう説明してくれるのは、農業法人株式会社サラダボウル田中進社長だ。アグリビジョンはサラダボウルグループの1社で、田中社長はこの会社の代表も兼務している。

オランダ製の環境制御システムとは、ハウス内に設置されたセンサーが温度、湿度、日射量、CO2濃度などの数値を読み取り、自動的に天窓を開閉したり、温度やCO2濃度を調整するなど、ハウス全体の環境を統合的に高度にコントロールする仕組みだ。南アルプス農園そのものが巨大な装置というわけだ。

ここで作られているのが、ゴルフボールくらいの、50gほどの中玉サイズのトマトだ。施設の中央には縦断する一本の中央通路があり、そこから左右に無数にレールが伸び、そのレールに沿ってずっと向こうの端

“農業をする人が幸せに生きる会社”の理念と現実は、この写真を1枚見れば納得できるはず。

まで背丈の倍ほどに育った緑の枝葉が連綿と続いている。濃い緑色の中に紅一点、赤く見えるのが色づいたトマトの実だ。

施設は２つのコンパートメント（区画）に分かれ、１年間苗を植え替える時期をずらして栽培するため、１年間を通じて途切れることなくトマトを育てることができる。ここで穫れるトマトは、年間1千トン。

収穫したトマトは、すぐさま連結している集出荷棟に運ばれ、そこで選果、袋詰めされ、ダンボール梱包をして出荷される。アグリビジョンでは、その仕事を社員10人、パート約90人で行っている。

サラダボウルグループでは、このアグリビジョンともう一つのグループ企業である株式会社兵庫ネクストファーム（兵庫県加西市、栽培面積３・６ｈａ）の２つの施設でトマトを栽培し、全国約90の食品スーパーに向けて供給している。また山梨県内では、サラダボウルが約１００ヵ所、計18ｈａの畑で年間約30品目の野菜を栽培し、地元の食品スーパーと、セレクトされた生鮮品や食品を宅配する企業に販売している。

大規模な施設による栽培は、サラダボウルの発展を支えている大きな原動力の一つであり、その運営方法や技術、ノウハウについてはおいおい触れていくが、田中社長がむしろここで強調するのは、数々の小さな創意工夫が積み重ねられた経営カイゼンだ。それにより、過酷な肉体労働はなく、労働時間は大幅に短縮されるなど、労働環境は劇的に改善された。

「出社は朝８時半で、定時は午後４時45分です。午後５時半には仕事を終え、施設には誰もいなくなります。週休2日で、みんなふつうに有給（休暇）も消化していますし、ボーナスも出ます。農業といっても、他の産業とまったく変わりません。自分で言うのもおかしなことですが、本当にいい会社だと思いますよ（笑）」と、胸を張る。

泥まみれになって長時間働き、重労働の過酷なイメージがつきまとう農業だが、それを翻《ひるがえ》し、他の産業と変わらない労働環境を実現している。

「農業で幸せに生きる」。これが、田中社長の目指す新しいカタチの一つだ。アグリビジョンをはじめ全国の大規模施設農場が、それをカタチにし始めている。

金融機関在籍時代に
農業には
まだやれることがあると確信

「子どもの頃は農業が嫌いでした。農家の子どもであることをずっと恥ずかしく思っていたんです。例えば、小学校の授業参観のときのことです。40人ほどのクラスでしたが、ウチの母親だけが軽トラでやって来るんです。それを友だちに見られるのが恥ずかしくて恥ずかしくて……。お願いだから体育館の裏の、誰も見えない所に停めてくれって。その日は1日中不機嫌でふてくされていました」と、当時の子ども心の機微を田中社長は話してくれた。

高校に上がると、友だちと親の職業の話になるが、これがまた、嫌で仕方がなかったという。親からも、「お前たちの時代は、もう農業なんかやる時代じゃない。勉強していい大学に入って、いいところへ勤めろ。役場なんかいいぞ」とよく言われた。農業が仕事になるとも思っていなかったし、ましてや、自分で農業をするなんて考えてもいなかったという。

実際、田中社長が大学を卒業後に就職したのは、都市銀行だった。しかし、そのキャリアの中で、徐々に自身の農業への本当の想いに気づくことになる。

支店で3年過ごした後、実績が認められて新たに配属されたのが、役員直轄の新規取引先獲得のためのプロジェクトチームだった。

その当時、銀行が貸し渋り貸し剥がしを批判される厳しい環境下にあって、経営陣からの特命ミッションに就いた。10年、20年以上のベテラン行員3人に混じり、たった一人20歳代の、それも4年目になったばかりの〝若造〟が抜擢されたのだ。難攻不落の「超」が付くほどの優良企業の新規開拓は、特命の名にふさわしい困難なミッションだった。しかし、その時に、もがき苦しみながら身に付けた仕事のスタイルが、今のサラダボウルの経営の礎へと繋がっている。そして、そこで出会った、「キラリと光る企業」や経営者から大きな学びを得て、やがて農業の見方を変えることになっていく。

銀行ではありとあらゆる業種業態の企業に係わった。他産業で実践されている様々な経営ノウハウを、いつしか自然と農業経営に重ね合わせていたという。

「例えば、50年くらい経つ古くて小さい町工場。売上は2～3億円ほどだけど、経常利益は15％もある。なぜだろうって思って工場に行くと、工作機械は古いけれども、きちんと手入れがされて道具類の置き場も決まっていて、いつでも取り出せるようになっている。ベテランの工員さんたちが、5S活動や現場カイゼンに粛々と取り組んでいる結果だった。もし、この5S活動や現場カイゼンを農業に取り入れたら、農業はどれほど変われるのだろうか……、と考えるようになっていました」と、田中社長は話す。

他にも「30店舗ほど展開する人気のイタリアンレストランでは、そのレストランの社長がいつも口にしていた想いを、高校生のアルバイトの女の子が自分の言葉にしてお客様に伝えていた。もし、農業でもこんな人材育成ができたら……、というふうに農業と重ね合わせるようになっていました」と田中社長は、農業へと想いが動き始めた当時を振り返る。

製造業で実践されている〝カイゼン〟を農業で行えば……。飲食業、サービス業の〝ホスピタリティ〟を農業経営で実現できれば……。

まったく違う業種の数多くの経営者と仕事をする中で、田中社長には、農業にも〝経営〟という視点からカイゼンできる余地がたくさんあると思えてきた。そして、経営者がどれだけ情熱を傾けるかによって、企業がどれだけ創意工夫するかによって、事業の中身や結果が変わることを学んだ。

田中社長は銀行で約5年間過ごした後、外資系の保険会社に転職したが、そこでも、とても多くの学びを得ていく。企業経営者を相手に経営者の右腕のような役割を果たしたのだが、そこで経営者の「夜の顔」を見ることになったのだ。

「夜の顔といっても、繁華街で夜中まで飲んだくれていたり、悪い裏の顔があるという意味ではありません。

銀行員時代は、毅然と振る舞い、信念をもって困難に立ち向かい、事業経営に臨んでいる経営者の姿に接してきました。これを〝昼の顔〟とすると、まったく別の経営者の顔に寄り添う経験をさせてもらったということなんです。銀行員時代に強そうに見えていた経営者の実像は、実は孤独で、いつも何かの心配をしていて、悩み、葛藤し、やせ我慢をしながら経営と対峙していた。愚痴をこぼすこともあれば、自らを奮い立たせることもしばしば。従業員や取引先には見せることのできない、ある意味では経営者の弱い側面に寄り添い、悩みや問題の解決に一緒になって取り組んでいました」と、田中社長は話し始めた。

銀行の特命チームの時は、あらゆる情報を集めて経営者ですら気づいていない会社の課題を見つけ出し、解決策を提示することで信頼を得てきた。保険会社でもその経験を活かし、顧客である会社の経営者の悩みに応えた。ビジネスマッチングや人の紹介に始まり、財務内容を健全にするアドバイスや複数の銀行をまとめて銀行団を組成し、協調融資を受けられるようにするなど、経営上のあらゆる課題解決の支援を行った。

多くの経営者と出会うなかで、農業も決して特別な業種ではないと思えてきた。農業は恥ずかしい仕事なのではない。農業が大変な仕事なのではなく、大変なやり方をしているだけ。農業は大変なのだと思い込ん

“農業を起業した”田中社長の創造力は果てしなく広く、深い。

でいるだけで、一つの産業としてやれることはまだまだある。そう思えるようになっていった。

思い起こせば、両親はいつも大変だ、大変だと嘆きながらも、どういうわけかいつも楽しそうにイキイキと働いていた。うまくいかないことがあっても、次はああしよう、こうしようと悩みながらも創意工夫を繰り返し、夢中で農業に取り組んでいた。夢中になれるカッコよさを、いつも目の前で見ていた。

「DNAの中に刷り込まれていたんでしょうね」と、田中社長は自らをこう評す。

こうして2004年4月、田中社長が立ち上げたのが、株式会社サラダボウルだ。「農業の新しいカタチを創りたい」と思った。

農地を借りるのにひと苦労
栽培技術、製品づくり
的確なマネジメントを追求

すでに家業の農業は長男が引き継いでいた。そこで田中社長は親の跡を継ぐのではなく、農業をゼロから〝起業〟した。といっても決して悲壮な決意ではなかったという。「ラーメン屋を始めるように、IT企業を始めるように、単に一つの事業として農業を始めたに過ぎない」と、田中社長はさらり話す。

場所は生まれ育った山梨県の中央市にすることにした。だが、最初から壁にぶち当たった。6千㎡の遊休農地を貸してくれる人を見つけたにも関わらず、その手続きが進まなかったのだ。

「(市役所の)農業委員会で手続きをしたいと訪れたのですが、農家じゃないと借りられないというのです。農家になるために借りたいのに、本当に笑っちゃう話ですが、とにかく一向に話が進まない。『親に借りて貰えばいいじゃないか』、『いや、自分で始めるんです』と、嫌な顔をされながらも何度も通い、最後は、『お前、絶対に辞めるなよ』と釘を刺され、仕方がないなぁという顔をされてハンコを押してもらいました(笑)」。

トマトを栽培するための最低限の機械設備を揃え、6千㎡の土地にビニルハウスを建てた。工事現場にあるような仮設の、水道も電気もないカセットハウスを月5千円で借りて事務所代わりにした。3万円くらいの求人広告を出してパートさん6人に来てもらい仕事を始めた。質素なスタートだったが情熱と希望だけは溢れていたという。だが、現実はなおも厳しかった。

起業する前から何百軒もの農家を訪ね、農業のやり方を視《み》てきた。だが、現実には誰も農業の経験がない「ド素人集団」であることに変わりはなかった。また当時、農業を始める社会的な環境も決して恵まれたものではなかった。

最初に借りた土地は良かったものの、2番目以降は「遊休」になっているだけあって相当に荒れた土地だった。しかし選択肢はない。そこで続けるしかなかった。当時は、優良な農地を借りられるような環境にはなかった。だが、田中社長はその後も遊休農地を借り続けた。

泥だらけで地べたに這いつくばり、早朝から深夜まで働き続けた。保険会社勤務時代に出会った、情熱だけでどんな困難も乗り越えたベンチャー企業の経営者像とも重なる。その甲斐あって経営的には何とか初年度から黒字にすることができた。1年後は、耕作面積は2・6haと当初の4倍以上に、従業員数も12人に増やすことができた。

こうして、「農業の新しいカタチを創る」ことを少しずつ実現していった。

農法などの技術については、仕事が終わってから参考文献を読み漁《あさ》った。毎朝、勉強会を開いて身に付けるようにもした。この朝の勉強会はスタッフによる自主的なもので、会社がバックアップするという位置づけだ。座学だけでなく、月に数回は突出した技術をもつ農家を訪ねたり、逆に勉強会に来てもらって話を聞いたり、刺激も受けつつ栽培技術を自分たちのものにしていった。

「『栃木のトマトの生産者のところに視察に行く』と言うと、『また、遊びに行くのか』と言われたものです。畑の上で働くのが農業。多くの農家にとって視察とは、農閑期の旅行、ただの遊びに見えたんでしょうね」と、田中社長は微笑んだ。

最初は基本的な農法を学んだが、内容は日を重ねるごとに高度になり、植物生理学、発酵学、微生物学、土壌学と、だんだん専門分野へと踏み込んでいったものになっていった。また、1〜2年ほど続けていくうちに「ものづくり」や「マネジメント」の手法も必要となり、次々と現場に採り入れるようにもなっていった。

例えば、「標準化」もその一つだ。一人ひとりの技術を磨くことに加え、誰もが一定の水準以上の作業ができるようにしたい。そのためには業務を「見える化」し、一連の業務はどのような作業で成り立っているのか。観察して、バラバラに分解し、無駄を省いて組み立て直した。その後は業務の進捗と、その結果である数値の「見える化」を果たした。

「ド素人集団」が水準以上の農作物を育てるためには、あらゆるものの「測定と分析」が必要だった。気温、湿度はもちろん、CO2濃度や植物体を測定して、それらの「変化の流れ」を把握した。記録し続けていくと次に何が起きるのか、どう変わるのか、変化の前兆を読み取ることができるようになった。経験がないか

“田畑”という概念を覆す“ファクトリー”の壮大な景観と実態に圧倒される。

らこそ、あらゆるデータを取りながら、それらが示すことの意味を考え、次の事態に備えていったわけだ。

「マニュアル」の重要性を、日本マクドナルドの社内大学〝ハンバーガー大学〟からも学んだ。

「マニュアルの意味・意義とは、すべての人の最低レベルをある一定以上に保つこと。問題が見つかれば、それを解決するために改善をする。標準を改訂して、定着させていく。そして改善・改訂・定着を繰り返していく。そんなことを学びました」と、田中社長は、その内容を簡潔にまとめてくれた。

人によって大きな差のあった農作業の水準を一定にした「標準化」「見える化」「数値化」などによって、作業管理精度は大幅に向上した。

一つの現場を誰でもが担当することが可能になり、特定の人間に仕事が偏ることがなくなった。どの作業工程に労力が掛かりどこに空きがあるのか、数値で見えるようになると計画的な人員の配置も可能になった。柔軟にチームでものごとを成し遂げていく〝精度の高い労務管理〟の体制ができ上がっていった。

サラダボウルも、かつては他の農業従事者と同様に長時間労働が常だったが、これらの取り組みで、定時の出退勤、週休2日制を実現することができたのだ。

現在は「標準化」をさらに進めて、一人の人間がいくつもの作業をできるようにする〝マルチタスク化〟を進めているという。

地元のスーパーと一緒にニーズを探求 人材育成では頭を殴られるような経験も

営業戦略には、マーケティング手法を取り入れている。サラダボウル本体では、作り手の都合で農作物を作ったり、既存の規格に無理やりはめ込んで出荷するのではない、食品スーパーと一緒になって顧客である地元・山梨の消費者が何を求めているのか、品目、一袋の量、出荷の時期など、顧客側のニーズを念頭に、商品のあるべき姿を考えてスーパーのバイヤーに提案した。単なる商品の取引ではなく、協働して商品開発の取り組みを行った。現在では、それに基づき栽培計画を立て、年間約30品目の野菜を供給するまでに、この取り組みは発展した。

一方、アグリビジョンと兵庫ネクストファームは全国に向けて、トマト一品に品目を特化し専門性を高め、大規模栽培による高品質のトマトを1年間を通して安定的に提供するようにした。

そして、もう一つサラダボウルが創業当初から力を入れてきたのが人材の育成だ。まず、人材の確保のために活用したのが〝農業インターンシップ〟だった。農業をやってみたいという人のための短期就業体験なのだが、まったく経験のない人からの応募が多く、受け入れる側にとって負担は軽くない。しかし、積極的に受け入れ、その数は年間100人にも達した。

「人と偶然、出会うことはありません。どのように当社を知ってもらい、出会うことができるのか。戦略として他の産業では当たり前にやっていることをやりました」と、田中社長は話す。

日本の施設園芸は足し算と引き算で最適化する

「農業は他の産業となんら変わりません。サイエンスとテクノロジーでイノベーションが起こるのも同じです」。そう言って田中社長は、ある化学変化を説明する。

「植物は根から水“H_2O”を吸い上げ、葉からは二酸化炭素“CO_2”を吸って、太陽の光で光合成を起こして酸素“O_2”と炭水化物“CH_2O”を作ります。私たちは、この反応を促しているだけです」。

農業は、太陽光という光エネルギーを炭水化物の形に変える「発電事業であり、エネルギー変換事業」だという。そして、その効率を最大にするために、水、二酸化炭素を過不足なく供給し、反応を促す光や温度、湿度、CO_2濃度を最適に調整する必要があると説明する。

施設園芸の先進国であるオランダでは、不足する二酸化炭素を送り込むパイプラインがインフラとして整っていて、足りない光量や温度を「足し算」で補い「エネルギー変換」を最大にする。一方、日本では「足し算」はもちろん、湿度が高過ぎたり、暑過ぎる分を「引き算」で最適にする必要があるという。

いずれにしても化学反応から計算する。農業とは、まぎれもなく「Science（科学）」なのである。

銀行員時代、中小零細企業が人集めに苦労するのを見ていた。農業ならばなおさらだ。田中社長は、〝農業インターンシップ〟の他に、それまで農業界にはなかったホームページを作り、毎日ブログを更新し、写真を多用して、農業の魅力をリアルに発信し続けた。実際に多くの人たちが集まり、今でもサラダボウルで正規社員として働き続けている。

人が定着し、人材育成も思ったように進んでいる。そう自信をもてるようになった矢先、田中社長はガツンと頭を殴られる経験をしたという。

「創業して3年が経った頃のことです。親しい地元高校の野球部の監督さんに、こう言われました。『田中さんがやっていることは、人材育成でも教育でも何でもない。農業をやりたい人を集めて、脱落者を出しながら、できる人を選び出しているだけだよ』って。その通りでした！」と、田中社長は自戒した。親しくなったからこそ言ってくれた苦言だった。

もう一人、地元の精密部品メーカーの経営者からも大きな影響を受けた。その人からはアメリカの著述家・教師・牧師である〝ウィリアム・アーサー・ウォード（William Arthur Ward）〟の言葉を聞いた。

『平凡な教師は指示をする。良い教師は説明をする。優れた教師はやってみせる。偉大な教師は心に火をつける』。

「もっと一人ひとりと向かい合っていかなければ。たくさんのチャンスを用意し、小さな失敗ができる場も作っていく。そうしなければとすごく感じるようになりました。本当の意味で（人材育成に）取り組み始めたのは、この時からです」と、田中社長は話す。

現在、サラダボウルでは、入社後はまず現場で作業を行うワーカーからキャリアを始める。やさしい作業から徐々に難しい作業を覚えるようにして、同時に、一緒に働くパートさんたちの気持ちや大変さを理解するようにする。その後はミドルマネジャーとして一つの現場を動かすようにし、その単位を徐々に大きくしてリーダーへと成長を促していく。ゆくゆくは事業所長や取締役として施設全体をマネジメントできる人材になってもらいたいという。

「人を育てるのではなく、人を育てられる人を育てたい」というのが、田中社長の目標だ。

同社の人材育成の姿勢は、今も多様なカタチで発展している。

例えば、早朝の勉強会は創業16年目の今日も地道に続けられ、栽培・労務・教育など生産に関わるすべてについて、毎日、社員が現場で気づいたことを出し合い、先輩がメンターとして指導をしたり、一緒になって問題を解決していくなど、実践的な取り組みになっている。

また、勉強会で取り上げるテーマは栽培技術ばかりでなく、ものづくりやマネジメントにも及ぶ。元々はサラダボウル社内勉強会から始まり、その後、山梨学院大学・現代ビジネス学部の先生を中心に製造業や農業行政に携わる方々も参加した『山梨農業研究会』へと発展していく。その取り組みは、山梨中央銀行が主催する『やまなしアグリビジネススクール』へと、今ではカタチを変え進化している。山梨学院大学の教授、准教授らの専門家と、田中社長自らが講師になり、生産

先端技術で実現するデジタルファーミング

先端技術の導入に力を入れていることもサラダボウルの大きな特徴だ。これまでオランダ、アメリカなど国内外の企業約40社と共に研究開発を進めてきたが、NTT東日本と行ってきた「AIによるトマトの収穫量予測」もその中の一つだ。トマトの生育状況を撮影して高度な画像処理技術とAIによる解析で収穫量を予測するというものだ。

「そもそもトマトの実を正確に撮影することが難しい。直射日光で露出オーバーになったり、二重にカウントしてしまったり……」。

撮影方法を工夫して、実際の圃場の画像を取得し、3万枚に及ぶ“教師データ”を基に、現場でマシーンラーニングを繰り返す。何度も仮説と実証を繰り返し、トマトの収穫量を正確に予測できるようになったという。

「収穫予測が正確になると、その後の工程である作業計画や販売計画などの精度を向上させることができ、“ムリ・ムダ・ムラの3ム”の削減や好条件での販売にも繋げられます」と田中社長は語る。

本当に役立つ研究とは、表面的な不平不満の解消ではなく、「構造上の本質的な課題」を見つけ出して、解決することだ、と話す。

工程管理や品質管理、マーケティングなどの幅広い内容を教える。社内の人材育成のためばかりでなく、広く一般企業にも向けて農業参入を支援するのが目的だ。

また、農林水産省からは、全国の農業生産者がマネジメントを学ぶことができないかと相談され、早朝の勉強会やアグリビジネススクールの内容をまとめてオンラインで視聴できる〝動画で学べる農業経営塾〟として『オンライン・アグリビジネススクール』も制作した。ファイナンシャルマネジメント、ヒューマンリソースマネジメント、プロダクトマネジメント、マーケティングなど経営全般にわたり、1科目が5分から10分ほどの短い動画で制作され、全部で８００個ほどのコンテンツを作った。1千人の農作業者ではなく、1人の真の〝農業経営者〟を育成することを目指した。

「農業で幸せに生きる。そのためには、まず農業をする人が幸せにならなければ、という想いがあります。売上が上がればそれだけで幸せなのか……。多分、そうではないでしょう。自分たちのやりたいことをやる。自分たちがやったことの結果が、『いいことだね』とか、『ありがとう』とか、『こんな会社があってよかった』と、地域や社会から少しでも言ってもらえたらいいんじゃないかと思います。何よりも本人が面白くてワクワクすることをやる。面白くなければ仕事じゃないですし、楽しくなければ会社じゃないと思っています」と田中社長は真摯に胸の内を語ってくれた。

田中社長は、「栽培は、まだ話すことすらできない小さな子どもの様子や体調を看《み》ながら、いろいろと面倒をみることに通じる」という。また同時に「白いキャンパス上に絵を描いたり、何もないところに建物を設計するようなクリエイティブな仕事である」という。

サラダボウルグループでは、２０１９年中にはトマト栽培のための大規模施設として、いわて銀河農園（岩手県大船渡市、栽培面積1・5ｈａ）、東北アグリヒト（宮城県大郷町、同2・6ｈａ）、アグリサイト（山梨県北杜市、同3・0ｈａ）の3つ施設を新たに稼働する予定だ。おいしいトマトの生育と共に、将来の農業を担う人材もまた成長していく。そのような場が、次々と増えていくことを願うばかりだ。

独自に練り上げた
“マネジメント手法”と
最先端科学で
次々と独創的な事業経営と
運営を実現していく。
田中社長の時間と空間は
果てしなく長大だ。
世界を巡る彼の五感に宿る
“知性”から目が離せない。

社名	農業法人 株式会社サラダボウル SALADBOWL CO., LTD.
本社所在地	〒409-3843 山梨県中央市西花輪3684番地3 Tel ：055-273-2688 Fax ：055-273-5559 URL ：http://www.salad-bowl.jp
代表者	代表取締役　田中 進
設立	2004年4月
資本金	4,500万円（2019年4月現在）
事業内容	農産物の生産・販売 農産物の加工・小売 農作業の請負・農地の管理 農業経営コンサルティング 農産物の企画・開発

株式会社シーエスコミュニケーション

数年以内には、私たちがかつて経験したことがない新たなネットワーク社会が出現する。国境を越え常識をも飛び越してやってくる、その時代の主役は〝ITとAI〟。しかし、常に〝システムは人が創る〟ものを胸裡《きょうり》に、技術力を磨くエンジニアがいる。彼らの夢と理想は「他を思いやる世界」の実現だ。近未来への扉は間もなく開く。

職人集団の力で“ITとAI”の最適な次世代ネットワーク社会を創り上げる

ESSENTIAL INNOVATOR

“時代の寵児”を絵に描いたような“技術者集団”がここにいる。
IT、それもネットワークエンジニアと言われる彼らの世界に国境はなく
また同様に、人種も学歴も性別なども無い世界で私たちの生活全般を
インフラごと支える「見えない世界」で、日夜働く縁の下の勇者たちだ。
間近の“近未来図”の実現時には、この世界ではAIが跋扈し
時代は、社会は、大きな変革期を迎えることになる、という……。
彼らが刻んできた歴史を辿り、これからの時代を見据える目線の先に
待ち受ける“ワンダーワールド”を垣間見る物語がここにある。

高い技術と思いやり
そして何よりも誠実さ

ITシステムはより高度化、大規模化の一途を辿り、エンジニアには、より高い能力が求められています。

常に業界の最新動向に目を配り、知識やノウハウの向上を図ることは大切なことですが、それだけで十分ではありません。

お客様や仲間に思いやりをもつこと、そして創造力を働かせることも絶対的に欠かせない要件となります。

システムは「人」が創ります。目の前の相手の要望に気づいて、はじめて良い仕事が可能になります。

仕事に対し誠実に、真摯に取り組める人こそが、私たちが求める人材です。

株式会社シーエスコミュニケーション　代表取締役

Top Message —— makigusa ryosuke 牧草 亮輔

高い技術力をもつ〝職人集団〟であり〝顧客の声〟に耳を傾け、その命運を賭けた基盤構築で、未知への創造力を発揮する。

独力でも生きていけるように、〝手に職を〟付けることに突き進んできた結果最終的に身に付けた技術は、桁違いのネットワーク・スキルだった。〝職人集団〟が見据える、これから激変する〝ＩＴとＡＩで描く近未来図〟とは……。

１９９８年８月、大阪で設立され、現在は東京、名古屋、福岡を加えた４地域でコンピュータのネットワークシステム、通信システムの企画・設計・開発・保守などの事業を行っているのが、シーエスコミュニケーションだ。

社員は80人、派遣やアルバイトまで含めると約90人体制で、ゼロ・スタートからオフィスにＬＡＮを敷設しシステムの企画・設計も請負う。その設計に基づきサーバやパソコンなどの端末類を設置し、継続的にシステムの運用・保守サービスまで行うなどの企業活動にとっては欠かせないネットワーク・インフラを土台から支えている。

「常時、繋がっていることが当たり前の世の中になりました。しかし、もしも繋がらなくなったらどうなるのか。最近も携帯電話ではそんな事故がありましたが、実際、大騒ぎになったことからもわかるように、当たり前のものがなくなると大問題になってしまいます。そんな不自由をなくすことが私たちの基本的な仕事です。この仕事で世の中を少しでもよくすることができればと思っています」。

ネットワークを安定的に、且つ継続して維持する難しさと、その意義を語るのは、シーエスコミュニケーションの牧草亮輔社長だ。

あって当たり前、わずかでも途切れれば大混乱になる。万が一の事態に陥らないように、あらかじめ何重にも対策を施すが、機器が動かなくなったり、故障したりする事態は常に避けられない。仕事の規模が大きくなればなるほど、繋ぐ機器の数量は増え、リスクは幾何級数的に増大していく。常時「有事」に備えて日夜を問わず目を配り続け、ひとたびアラートが鳴ればどれだけ早く反応できるか、知力と体力が勝負の仕事でもある。また、常に新しい技術が登場し、それに追いつくためには多大な努力が必要なうえ、同業者は多数いて競争も激しい……。

このように過酷な環境の中、会社設立から10数年間、成長を続けているシーエスコミュニケーションとは、どのような会社なのだろうか？

「私はガチガチの職人です。23歳で独立したのも、自分に〝手に職がある〟という自信ができたからでした。シーエスコミュニケーションは、常に〝職人集団〟でありたい」と、牧草社長は話す。

ホームページでは、鈴木準専務は「成長の秘訣」を創業当時からの方針である「導入展開の着実さ」にあると説明する。また、牧草社長は「人と人との付き合いを大事にするために、PCスキルよりもヒューマンスキルを重要視しています」とも語る。

同社の躍進の陰にはもう一つ、牧草社長自身の気質と経験が反映されている。未来の姿を見通し目標を定め、その目標に向けて常に全力でそれを自分のものにしていく忍耐力と精神力だ。

「法律を識る者が勝ち」と弁護士を目指した

「夢は弁護士になることでした」。

牧草社長は京都府の出身だ。父親は転勤が多く、京都を手始めに、愛媛県松山市や千葉県浦安市など、小学校だけで転校を5回も繰り返した。転校をするたびに新しい土地ではガキ大将と争い、最後は、ケンカで決着をつけたという少年時代を過ごす。

小学校5年の時に再び京都に戻り、そこで中学校に進学すると、今度は音楽に夢中になった。バンドを組んで演奏を続け、中学2年の時には親に「高校へは行かない。音楽で食べていく」とまで宣言した。

「でも、親は本気で受け止めてはいなかったようです。中3の時の三者面談で、改めて『高校に行かない』と言ったのですが、母親にすごい剣幕で怒られ、ギターを没収されてしまいました（笑）」と、牧草社長は微笑んだ。

「仕方がなく」勉強して、京都府立鴨沂《おうき》高等学校へと進学した。前身は日本最古の官公立の女学校と聞いてもピンとくる人は少ないだろうが、NHKの大河ドラマ『八重の桜』の主人公、新島八重が教鞭をふるった学校と言えば、誰しもが「伝統校」だということは理解できるに違いない。確かに卒業生には女優の山本富士子や俳優の田宮二郎、中退者にも女優の森光子や歌手の沢田研二《ジュリー》がいた。

だが当時、15歳の牧草少年にとってはそのようなことはまったく関係がなかった。

「下駄を履いて毎日通学し、〝人気もの〟だったので、あちこちから呼び出しがありました（笑）」。呼び出し主の一人が高校の教頭だった。

「ある時、父親と一緒に来いと言われたので出向いたのですが、教頭から『君は我が校に相応しくない』と言われた。『それって学校を辞めろということですか？』と聞くと、『どうとでも受け取ってくれていい』という返事だった。『じゃあ、辞めます』と言って、退学しました」。留年して2度目の高校2年生のことだった。

弁護士になろうと思いついたのはこの頃だった。教頭とならび、しょっちゅう呼び出されていたのが裁判所だった。やんちゃな行動ゆえだったが、その経験から、「世の中は法律を識っている者が勝ち」だと思えたという。

その後、弁護士に向けて勉強を開始するとたちまち頭角を現し、専門学校へ通い始めると成績優秀で特待生に選ばれた。直観で目標を探り当て、一旦、それが定まるとただひたすらに突き進む。その後に何度も現れる「牧草社長の成長パターン」だが、この時期からすでに垣間見ることができる逸話である。

「最初の2年は授業料が無料だったのですが、それでもお金はかかります。家が貧乏なこともあって自腹でなんとかしなければならず、休みなどを利用して、土方仕事や解体屋、斫《はつ》り屋などをやっては貯金をして勉学のために使った。そんなことを繰り返していました」と、牧草社長は当時を振り返り話してくれた。

睡眠時間を削って働きながら必死に勉強を続けていたが、ある時こんなことがあったという。

「学校の先生と一緒に本屋へ行くと、司法関係の書籍を指さしてこう言われた。『牧草、この判例セット、全冊揃えて勉強しないとダメだぞ』と。1冊4千円～6千円ほどの10巻セット。全部で5～6万円はかかります。六法全書を1冊買うのがやっとなのに、そのうえこんなことを当然のように言い渡される。住む世界が違い過ぎると思いました」。

だが、なんとしても法律の勉強は続けたい。司法試験に受かるのに10年かかるとも聞き、力仕事だけでは資金が続かないと、お金を稼ぐにしても〝手に職を〟付けもっと稼げる仕事をしなければと考えた。

その時、テレビCMを観たことがきっかけになった。「女の子が『パソコンできないと就職できませんか？』と話すのです。そんな時代がもう目の前にきているのだ。これからはやっぱりコンピュータ関係に進むべきだ」と閃いた。

1995年、〝Windows95〟が発売された年のことだった。

ハードウエア、ソフトウエア ネットワークと次々に挑戦 ストレスで鼻血、10円ハゲも

京都で初めてのPCパーツ店でアルバイトを募集し

弁護士になるための学費稼ぎの最中、「コンピュータ時代の到来」を予見する。

ていることを聞きつけ、さっそく電話を入れて面接に向かった。

当時の牧草社長は〝ロン毛〟、耳には〝ピアス〟。一方、PCパーツ店の店長は、元大手コンピュータ企業の研究員上がりのインテリだ。あっさりと不採用になったが、牧草社長は諦めなかった。

「毎日、嫌がらせのように（笑）、『（人は）決まりましたか？』って電話を入れました。それでも採用されないので、今度はバイクで直接、店に顔を出し続け、5〜6回も通ったでしょうか、ついに向こうが根負けして、雇って貰えることになりました」と、牧草社長は無邪気に話す。

一旦、目標を定めると、それを達成するまではどこまでも突き進んでいく。その徹底ぶりは凄まじいほどの気迫を伴っていた。

ロン毛の姿を見て、店長は「お前は宇宙人か」と言ったが、むしろ牧草社長の方が、まったくの異次元の世界に放り込まれたように思えたという。店員と客が話をする言葉遣いは、まるで〝宇宙語〟のようにしか聞こえなかった。それでもバイト仲間の大学生に教えてもらいながら、見様見真似《みようみまね》で接客をし、専門書も紹介してもらいながら勉強を続けると、1年後には自身が〝宇宙語〟を操るまでに成長していた。

「直せないパソコンはない、というところまで行き着きました。遂に〝手に職を〟付けられた」と、牧草社長は当時を思い出し話す。

一つ目標を達成してしまうと、さっそく次の目標を探し始めるのが、牧草社長の行動パターンだ。ハードウエアには精通したが、今度はソフトウエアがまったくわからない。そこで次に向かったのがパソコンスクールだった。生徒になるのではない、非常勤講師に応募したのだ。

「Word、Excel、Access。当時は〝ロータス〟とか〝一太郎〟もよく使われていましたが、まったく使い方がわかりませんでした。わからないのに講師に応募したので、『お前、何しに来たんだ?』と面接官には呆れられましたが、スクールのカリキュラムを1週間で覚えたらば採用するというので、必死に勉強して、見事、合格しました」。

そして講師を1年間続けると、今度はカリキュラムの内容を「ソラで言える」までになっていた。また一つ目標を達成した。そして、牧草社長はまた次の目標を探し始める。

かつてパソコンパーツ店のオーナーから「後2~3年でインターネットの時代が来る」と言われていたのを思い出した。一家に1台どころか一人が1台パソコンを持つようになり、それが全部繋がる世界が出現するという。「まさか、ウソやん?」とも思ったが、確かに当時のお客さんの中には、会社でイントラネットを構築するので周辺機器を探しに来たという人もいた。気づけば周囲でもインターネットが徐々に普及し始め、その話題で世間は騒がしくもなっていた。

次に身に付けるべきは「ネットワーク」だ。そう直観し、今度は大阪に本社を置く大手商社の情報システム子会社へと足を向けた。商社内のネットワーク構築や運用・保守を行っている会社だ。そこに運よく潜り込むと、その後、〝師匠〟と呼べる人にそこで出会うことになる……。

ロン毛をバッサリと切り落とし、白いカッターシャツにネクタイ姿で商社内にある職場に向かうと、無愛想な男性が、デスクにネットワークのテキストを何10冊も積み重ねて待っていた。3日後にテストするから読んでおけという。挨拶もそこそこにそう言い渡された。

何が書いてあるのかさっぱりわからない。それでも用語だけは覚えようと必死でページをめくったものの3日後のテストは案の定、不合格。1ヵ月後にまたテストをすると言われた。

「とにかく何が何でも〝手に職を〟付けるのだと必死だったので、それはもう一生懸命でした。通勤の行き帰り時間も使って勉強しました。それでも、不合格。そして、3ヶ月後にまたテストをするという。どうやら私のことを面白がっているようでした」と牧草社長は、〝師匠〟との出会いをそう回想した。

この頃、ストレスのためか毎朝、出勤して席につくとドッと鼻血が出たという。その上、10円ハゲまでできた「辛苦と忍耐の時代」だった。

電源が入らなかっただけで数百億円が飛んでいく世界

兎にも角にも必死になって食らいついたという。不合格続きだったがクビになることはなかった。今から思えばストレスへの耐性を試されていた時期だったのかも知れない。やがて半年もすると、少しずつ仕事ができるようになり、同時にネットワーク技術者の世界も見え始めた。「数秒でペンタゴンに侵入した」。「どこどこのサーバを落とした」。凄腕の技術者たちが競い合い、同時に、認め合う「独特の価値観が跋扈する世界」だった。〝師匠〟もその一人で、かつては自らもスパルタ教育方式で鍛え上げられたことを後になって知ったと話す。

また、ある時こんなこともあった。〝師匠〟が、突然、ある機械をリプレイスしておけと言い残すと、自分は「3日間、休むから」と、さっさと姿をくらましてしまったのだ。

ネットワーク構築では、今でこそ安全を期して何台ものサーバを並列して稼働することが当たり前になったが、当時は、大きなサーバ装置が1台あるだけの時代だった。そこに繋がる機器の1台を新しいものと入れ替えろという指示だった。配線はもちろん、正常に動くように「中身を可視化」してプログラムをし直さなければならない。だが、その「可視化」がどうしてもできなかった。

試行錯誤しながらもあれこれと試しているうちに、どうやらその機械専用のプログラムが1つ抜け落ちていることに気がついた。だが、どこを探しても見あたらない。ないはずはないのだが……。

「3日後に師匠が戻って来て『おい、マッキーできたか?』って聞かれた時、『いやー、すいません。できませんでした』と答えながらも、『ところで何か、ファイル隠してませんか?』と訊いた。すると『バレた?』ってニヤって笑うじゃないですか。最初から計画的だったんです」と、牧草社長は楽しげに明かしてくれた。

頭にはきたが、確かに3日間、自分自身であれこれと考え試したことで、それなりの技術が身に付いたことは間違いなかったと、牧草社長は話す。

また、このようなこともあった。商社の本部長に怒鳴られていた時も、師匠の姿勢に考えさせられた。本部長の席に端末をセットするため機器を念入りに点検した後、現場に運んで組み立てた。だが、どうしても電源が入らない。傍で見ていた本部長はイラつき、やがて大声で怒鳴り始めた。「私が1時間無駄にしたら、会社はいったいいくら損をすると思っているんだ!」。「6億円ぐらいですか?」と真面目に答えたつもりだったが、実際はもっと多額だったようで、余計に火に油を注ぐことになり、遂に「上司を呼んで来い!」とまで言われた。師匠を呼び出すと、彼は本部長の前でじっと耐え、なに一つ言い訳することはなかった。

「ちょっとした不手際で莫大なお金が飛んでいく。その責任の重さを感じるのと同時に、どの様なプレッシャーからもジッと耐えなければならない。それを間近で勉強しました」。

後になって、師匠から「機械にも人にも、常に目配り、「気配りを怠るな」と教えられた。どこに落とし穴があるかわからない。わずかな見落としが、大惨事を招くことになるのだと……。

　激動の日々を2年間過ごした後、退社を決意した。情報システムの子会社が上場することになり、200人の新卒採用をするという。師匠は、この機会に応募して正社員になれと推してくれた。認めてくれたことは嬉しかったが、プライドが高過ぎる商社の体質には付いていけないとも感じていた。師匠からは強く引き留められたが、結局、辞めることを伝えた。弁護士になることはすでに諦めていた。身に付けた技術と知識を武器に、一個人として仕事を始めると決意した。

　1998年、独立して個人事業主となった時、付けた屋号がシーエスシーだった。たまたま自動車で御堂筋を走っていた時、住商情報システムの看板が目に入り、「SCS」の語呂の良さが気に入った。

「だったら、その逆のCSCでいいじゃないか（笑）」と決め命名した。適当に付けたつもりはないが名よりも中身を大事にしたかったことは間違いない。

多忙な日々の傍、KEISの人材委員会・副委員会長として
その研修に参加する各社の新人教育を行い、目指す職人集団の組織化に奔走する。

趣味はロードバイク。健康な身体に健全な精神と智謀が宿る。

独立後は、次々と仕事が入ってきた。ある会社では機器を運び込むところから、設置・設定して、ネットワークが稼働するところまでの一切合切《いっさいがっさい》を任された。商社の子会社でやっていた業務は、他の企業でも十分に需要があったのだ。また、別の会社からは、全社的なネットワーク化を進めることになり、必要なシステムをホストコンピュータに組み込み、正常稼働するまでの作業を請け負った。世の中ではコンピュータを使って仕事をすることが当たり前になり、中でもネットワーク構築の需要は高まる一方だった。

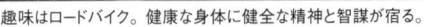

遂に一人ではやり切れなくなり、人を雇って仕事をするようにもなった。他の会社の人たちとも一緒に仕事をすることも多くなり、数日掛かりになったある会社の仕事では、近くのサウナで寝泊まりしてみんなで雑魚寝してやり遂げた。毎晩、サウナでは技術畑の話題で盛り上がり、そこで牧草社長の技量が認められ、新しい仕事が舞い込むこともあった。

2000年1月、正社員4人、アルバイト1人になった時点で、有限会社を立ち上げた。シーエスシーは既に他社が登録していたため、社名を〝シーエスコミュニケーション〟に改めた。当時はCS（顧客満足）が盛んに取り沙汰されていたこともあり、それにも肖《あやか》ったという。その後も会社は急成長を続け、3年後の２００２年10月、株式会社化したときは社員数は40人にもなっていた。
株式会社化して数年後、牧草社長は経営者として次に目指すべきものを見つける。それは「会計」だった。かねてから自分の弱点分野と感じて挑戦したつもりだったが、いざ始めてみると思った以上に大変な内容だった。
「知り合いの会社の社長から『経営会議』をやろうと誘われ、大手メーカーで常務取締役をされていた方や、同じ会社の部長クラスの方なども加わって、月に２回集まることにしました。でも、面白くもなんともない（笑）。それに毎回毎回、アホアホと言われ続け、何百回言われたかわからないほどです。会計戦略も含めて勉強したのですが、会社での数値をすぐに出せとか、それをマトリックスにして理解できる状態にしておけとか、本当に2年ほどは辛かった。でも最近、やっ

「健康経営優良法人2019」の認定を受ける

エンジニアは、仕事柄どうしても不摂生になりがちな傾向にあるという。そこでシーエスコミュニケーションが取り組んできたのが「健康経営」だ。2019

年２月、日本健康会議により「健康経営優良法人2019」（中小規模法人部門）に認定された。

その取り組みは実に幅広い。長時間労働にならないように社員の勤務時間をチェックする。運動不足解消にソフトボール大会を企画したり、傷病者が復帰してから働きやすいような仕事の内容選択や通勤環境についての配慮をした。また、風邪予防のために社内に消毒液や除菌剤を設置したり、希望者には無添加・低カロリー、かつ栄養バランスが考えられた弁当を提供することなどの施策を行っている。

若い時には病気や事故とは無縁で、仕事でもついつい無理をしがちだ。だが、年齢を重ねるごとに体調を崩すエンジニアは少なくない。平均年齢が低い同社だからこそ、普段から食事・運動・生活のリズムなどに配慮していきたいと牧草社長は話す。

と面白いと思えるようになりました。やればやるほど奥が深いこともわかってきました」と、新たな目標に挑戦することを好む、牧草社長の真骨頂の話題を話してくれた。

その間も社員数は増え続け、現在、社員数は80人を超えたことは前述した通りだ。彼らの大分部は大手SIベンダー企業に常駐し、日々、業務に取り組んでいる。また、会社経営を一緒にできる人材も揃い始めたところだという。

現在、牧草社長が目指しているのが、〝職人集団〟づくりだ。誰もが高い技術力と知識を持ち、最高の仕事を果たす。自分自身、〝手に職を〟と技術を重視してきたことへの「一つの回答」でもある。

「言われたことを言われたまま行っているだけでは、なんの成長にも繋がりません。エンジニアとし成長・成功するためには、創造力〝クリエイティビティ〟が不可欠な要件となります。そのためにはできるだけ縛りつけるようなことはせず、自由に発想をできる環境にしていきたいと考えています」と、牧草社長は今後の会社経営、事業運営に向けた抱負を話す。

自由闊達な社風の下で、いかに社員たちに技量や知識を磨いてもらうのか。また、創造力を発揮して最高の仕事に仕上げていってもらうのか。〝ヒューマンリソース〟を最大限に活かすことが、牧草社長の現在の最大課題だという。

5G×AI×量子コンピュータ 訪れるのはバラ色の未来か否か

ハードウエア、ソフトウエア、そしてネットワーク。一つひとつを自分のものとし、その度ごとに次の目標を見つけて、走り続け追い求め続けきたのが牧草社長のこれまでの半生だ。常に移り変わり、より一層混沌となったITの世界で、次には何がトレンドになっていくのかを予測し、目標を定め、突き進んできた。

では、現在は何を目標と見定めているのか……。

「AI（人工知能）です。AIを使ってネットワークの設計や構築をできるようにしたいと考えています」

と、牧草社長は話す。
そして、もう一つ強く関心を抱いているのが〝データサイエンス〟の世界だという。
ネットワークの世界に飛び込んだとき、遠く離れた人たちと簡単にファイル交換ができ、顔を見合わせながら会話ができる世界に感動した。だが、この世界で仕事を続けていくうちに、決して明るいことばかりではないこともわかってきた。

商社の情報システム子会社で働いていたとき、時折、誰かがふらりとネットワークに侵入することがあった。自分の能力を試したいだけなのか、実害はなく痕跡だけを残していく。そのたびにセキュリティを強化したが、侵入は、その後も止まなかった。
大手企業があれだけの対策を施し、資金を投じていても食い止めることができない。ましてやお金も手間もかけていられない中小企業ならば侵入し放題だろう。

短期・長期2種類のインターンシップを実施

牧草社長は、約90社の大阪の中小企業から組織される「関西電子情報産業協同組合(KEIS)」の副理事長も務めている。「産官学連携を目指していることもあって、

関西の大学の先生方との関係も強くなりました。学生たちをインターンシップで受け入れ、実際の採用にも繋がってきています」と、牧草社長は説明してくれた。

シーエスコミュニケーションでは、短期、長期の2種類のインターンシップ制度を実施し、短期では1週間から、長期では数ヵ月間にわたって学生たちを受け入れている。この10年ほどの期間続けてきているが毎年、必ず数名ずつが参加しており、これまでに正式採用に至った学生も複数人、勤務している。

そのほとんどが文系の出身者だが、ゼミでITをテーマにしている学生が多く、入社後、技術的な仕事の覚えも早いという。中には通常は数年かかる資格を数ヵ月で取ってしまった社員もいるほどだ。

牧草社長に、最近の学生気質を訊くと、「世の中をなめ切っている学生たちも中にはいますが、ウチに入れば1年で一人前になります」と手厳しい。だが、その発言の裏には深い愛情が溢れている。

最近、日本の中小企業は、100%サイバー攻撃を受けているという報道があったが、「何を今さら」と思ったという。現場で働いているエンジニアならば、ずっと以前からこれらの危機に気づいていたはずだ。

だからAIについてもバラ色の未来だけを期待しているわけではない。悪用もされることがあるだろう。間もなく、量子コンピュータが現実のものになろうとしている。分野によっては、現在のスパコン（大容量の計算が可能なスーパーコンピュータ）の計算能力と比較して9000兆倍の性能を持つといわれる量子コンピュータとAIが組み合わされれば、難解な問題なども瞬時に解ける夢の世界が実現するかもしれない。しかし同時に、個人情報のすべてを吸い上げられ、一挙手一投足を見張られる超監視社会になってしまうかも知れないという危惧もある。

「技術現場に身を置く」だけに、これらの夢も、また恐ろしさもその両方が理解できるという。

「AIやネットワークの未来について、ウソの情報が平気で飛び交っていることが問題です。いまでも有識者と呼ばれる人たちが平気でいい加減な情報を流し、それがネットで拡散されて多くの人たちが信じています。これからはより一層、悲惨な状況になっていく可能性もあります。でも、そのようなウソの情報もホンモノの情報も、その両方を含んだ大量のデータを正確に選り分け、分析ができれば……。そういう意味でも〝データサイエンス〟の進化によって、正しい情報だけを取り出し、活かすことができるような時代になるかも知れません」と、牧草社長は話す。

AIと量子コンピュータを組み合わせれば、大量のデータを収集して処理が可能な時代が見えている。近未来の社会において、正しい情報だけを取り出し、これらを社会や地球環境、人類やこの星に生きるすべての生き物のために役立てていくこと……。人類がこれまでに経験したことがないほどの、劇的な変化を創り出す、新しい技術や知識にけっして飲み込まれることなく、正しく活用していくことができるような近未来社会の到来。牧草社長が、次なる目標と定めた目線はあくまでも高く、また荘厳でさえもある。

データサイエンスという高等数学と
情報工学の世界に飛び込み
次代のメインフレームと
ネットワークを構築する“ITとAI”で
合作される、情報化社会の未来図と人々の
ライフスタイルに知覚を向ける。
「システムは人が創る」への探求は無限だ。

社名	株式会社シーエスコミュニケーション CS-Communication Co., Ltd.
本社所在地	〒101-0032 東京都千代田区岩本町1-8-1 テラサキ第5ビル6F（東京本社） Tel ：03-5833-9802 Fax ：03-5833-9803 URL：https://www.cs-com.co.jp
代表者	代表取締役　牧草 亮輔
設立	2000年1月
資本金	2,000万円（2019年3月末現在）
事業内容	コンピュータのネットワークシステム 通信システムの企画・設計・開発 ・保守及びITコンサルティング、 電気工事業

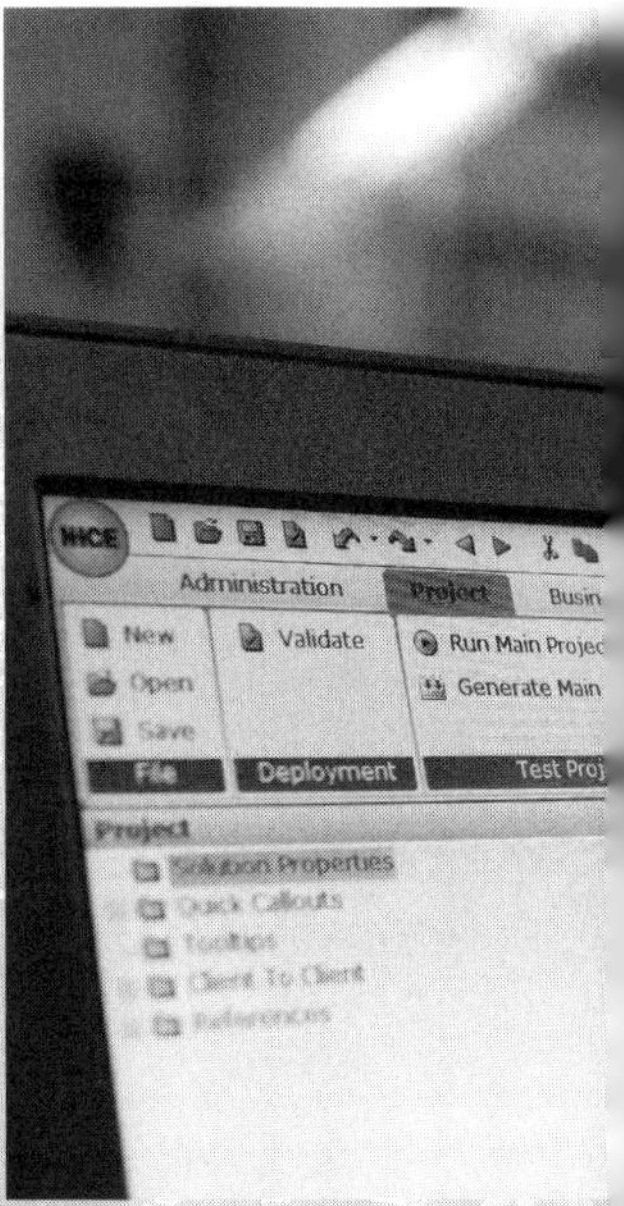

ネクステージ株式会社

世界には2通りのタイプの経営者がいる。
事業家タイプと起業家タイプに大別され、時代が大きく動き
潮目が変わるときに必ず登場してくる経営者は後者となる。
それまでの常識を覆すアントレプレナーこそが、次の時代を創り上げる勝者となる。

30事業を展開する「多角化グループ」となり
“未来に希望を創る”企業群へと飛躍する

ESSENTIAL INNOVATOR

時代が大転換期にあるとき、これを知覚できる者は稀有な存在だ。
だが、ごく一部の者たちだけは、それを好機と捉えて自らの使命を賭す。
「起業家マインドをもった経営者」アントレプレナーがその任を背負い
新たな企図と事業を創り出し、世の中を新たな時代へと曳き上げる。
“NEXT STAGE”を目指す彼らの深奥を探るために直接、話を訊き
その確信を得るまでには、それほど時間を要さない……。
その佇まいと、企業理念やミッションから伝わってくる志行《しこう》の網に
捕らえられた言葉に並々ならぬ個人史が映し出され、垣間見える。
その驚愕する逸話にこそ、最も大切な“次代へのメッセージ”がある。

Top Message

ネクステージ株式会社　代表取締役社長
ネクステージグループ 代表

丹野直人

tanno naoto

ビジネスを通じて、未来に希望を創っていく

生まれ育った背景・境遇・学歴・性別に関係なく、誰もがチャレンジできる、「すごい会社」を創りたい……。

少子高齢化や増加の一途を辿《たど》る税負担・社会保険料など近未来に待ち受けるこれら幾多の社会問題に対して、民間の一企業としてできることから実現していく。これは『異業種多角化経営グループ企業』を率いる私たちの強い思いを示した経営理念です。

「自らの手で創る生き方」を選択した仲間たちと共に、多種多彩な事業展開をしながら、未来に希望を創っていきたい。人は「何でもできる」、「何にでもなれる」……。それを証明していくことが、私たちのミッションです。

人材育成をコアバリューとし「未来に希望を創る」という気宇の理念を掲げ誰もがチャレンジできる企業を創る。

自らの実体験から体得した〝暗黙知〟と〝ナレッジ〟を駆使し〝人〟がもつ可能性を開花させ、独自の視座で多種多彩な事業を展開していく。この異業種「多角化経営」を成し遂げ、形づくるグループの核心に迫る。

東京都新宿区高田馬場。神田川沿いに建つビルの7階に本社を置くネクステージは、常識的な企業の既成概念からいえば、遥かに「理解を超えた企業」といえるだろう。

現在、グループ全体で8つの異なる事業の多角化展開に取り組んでいる。ネクステージが設立されたのは2006年8月。2009年から広告代理業を開始し、翌2010年には通販事業、2011年にはWeb関連のクリエイティブ事業へと業容を広げていった。その後、各事業会社の事業拡充に務め、2016年には台湾でも通販事業を開始した。2017年、買取事業を立ち上げ、飲食事業の焼き鳥店『鶏次《けいじ》』を都内にオープン。翌2018年にはファクタリング事業、パーソナルジム事業と立て続けにスタートさせる。

現在、年商30億円の通販事業HRCを筆頭に、グループ全体の売上は50億円。2018年11月に移転したばかりの高田馬場の本社には、仕事の場であるオフィススペースはもちろん、全面ガラス張りの会議室やバーも併設され、勢いに乗るベンチャー企業であることが如実に見てとれるが、グループ全体として何を目指しているのか。展開する業種や業容だけで判断していては、なかなか理解するのは難しい。

「何をやりたいのか、どこに向かっているのか」と率直な質問を向けると、ネクステージ社長とグループ代表を兼務する丹野直人代表は、こう答えた。

「まず、人づくりですね。とにかく〝人の育成〟にこれまで力を注いできました。その結果、各社とも自走できるようになってきたので、そこでブーストをかけて、それぞれの事業を立ち上げてきたわけです」。

続いて各社の事業について訊くと、「人を悲しませるようなものでない限り、何でもいいと思っています。私自身は、プロダクトやサービスにはそれほど強い思いはなく、大事なことは、その事業自体に自らが熱狂できるかどうかです」と説明してくれた。

現在の8つの事業もまた、強い意志や必然性があって立ち上げたわけではなく、「人材の育成を図ってきた結果」だという。

ネクステージグループのホームページを見ると、トップページには「誰もがチャレンジできる『すごい会社』になる」と謳われている。企業パンフレットの1面には、「『人はどんな境遇にだって何にでもなれる』。たくさんの経営者を輩出して証明する」と書かれている……。

事業優先ではなく人材育成が最優先。これはネクス

「人材育成、経営者の養成は、事業の成否の要諦だ」。

テージグループを理解する重要なキーワードだ。

学歴はもちろん、育った環境や境遇など、過去の背景にとらわれることなく、誰もが何にでもチャレンジできる。そして望む人間にだってなれる。そのためには、まず人の育成を何よりも優先する。それがネクステージグループの「経営ビジョン」を形づくっている基本姿勢なのだ。

目指す事業の形が先にあり、そのために組織をつくり人の育成を図る。そのような常識的な一般の企業がとる手順とは、まったく逆のアプローチをとってきた。なぜそのような他とは違う道を選んだのか……。

突然の挫折で暗転した 何も考えられない暗闇に佇む

「私は、凡人。いえ、それ以下の〝マイナス凡人〟といってもいい人間でした。本当に、適当に生きていたんです……」。

丹野代表は千葉県野田市の出身。高校を卒業すると、父親の歯科技工所を継げばいいと考えて東京の専門学校へ進み、卒業後はその思惑通りに帰郷して、父親の元で働き始めた。だがわずか3ヵ月で「面白くない！」と辞めてしまう。大都会の刺激が忘れられず、再び東京へ戻ると、学生時代にアルバイトをしていたバーで働き始めた。

「そうは言っても、たいした目標があるわけではありませんでした。それでもチャンスは向こうからやって来ました。常連のお客さんの一人が、お金を出すので店を一緒にやらないかと誘ってくれたんです」と、丹野代表は自身の半生を語り始めた。

その人がオーナーとなり、丹野代表が店長にという勧誘だった。21歳の時のことだ。突然の〝ビッグチャンス〟を受け入れ、新宿歌舞伎町の雑居ビルの一室を改装して店を立ち上げ、半年で黒字にした。希望が見え始めたかに思えたが、それはあっさりと暗転した。オーナーが借金を踏み倒して夜逃げしてしまったのだ。連帯保証人になっていた丹野代表は、店の撤退費用や人件費などを含め、総額500万円の借金を背負わされることになったのだ。

「そこからボタンが押されました」と、丹野代表は振り返る。

話はそれで終わらなかった。野田の実家に戻った後、今度はその5ヵ月後に父親の事業が失敗し、父は自己破産。両親は離婚し、自宅は競売に出された。

「何が辛かったかというと、ほかのみんなは就職して社会人として前に向かって進んでいるのに、自分一人だけが後ろ向きで取り残されたことでした」。

絶望し、自殺も試みた。そのときに、手を貸してくれたのが地元の友人たちだった。かき集めてくれたお金で、もう一度、東京でやり直すことにして、家賃3万7千円のボロアパートの4畳半を借りると、昼も夜も働き続けた。多い時は3つのバイトを掛け持ちして1日18時間働き続け、2年で500万円を完済した。

「24歳の時でした。とにかくそれまでは借金を返すことだけで頭はいっぱい。返済さえすれば後はバラ色の人生が待っていると信じていました。しかし、現実はまったく違いました」と、丹野代表は続ける。

晴れがましい気持ちで就職活動に挑んだものの、受ける会社すべてから〝書類選考〟で撥《は》ねつけられた。

「大学は出ておらず、2年間やってきたのは時給制のバイトのみ。職歴としては、まったく認めてもらえませんでした。道を踏み外してしまった人間の気持ちと現実を、いやがうえにも味わいました」。

自分には責任のない借金を完済し、これからやっと自分の人生をと意気込んでいた丹野代表にとって、現実はあまりにも厳しかった。

それでも生活をしていかなければならない……。池袋でティッシュ配りのバイトをしていると、昔のバーのお客さんとバッタリ再会した。喫茶店に入りこれまでの経緯話をし、未だに仕事が見つからないと率直に打ち明けると、大手コンサルティング・ファームに勤めていたその人は、ことも無げにこう言った。「それだったら、自分で会社を興せばいいじゃないか」。

これが丹野代表の「最初の分岐点」となった。

「君と同じように失敗したり、つまずいた人間はほかにもいっぱいいる。そんな人間でもチャレンジでき

潔さと清潔さは相通じる。ネクステージ本社には常に「主の氣」が充満している。

る会社を自分で作ればいい」。そう言われて、自分のやるべきことが見えたような気がした。

「学歴が低かろうが高かろうが、経歴があろうがなかろうが、この先、何をしたいかとか、どれだけの成長意欲をもっているかとか、自分にどれだけコミットしているかとか。そういう人たちが活躍できる会社、自分の未来を見てくれるような会社を創りたい。そう思いました」と丹野代表は目を輝かせ、その先へと話を続けた。

その人の紹介で、あるコンサルティング事務所に勤めることになり、2年間働きながら会社経営についての勉強をした。その後、26歳の時、バーの店長時代にアルバイトとして働いていた片桐直也（現専務取締役）と共に立ち上げたのがネクステージだ。

やっと軌道に乗せたマッチング事業
それが次への分岐点を引き寄せた

当初は「事業再生コンサルティング」業を始めた。自分の経験を活かせると信じて立ち上げた事業だったが、依頼案件は入ってこなかった。

「26歳の若造に事業再生コンサルを依頼をする人などいるはずもありません。初年度の売上は40万円。でもそれでよかった。考え直すきっかけになりました」。

次に、自分がコンサルを引き受けるのではなく経験豊富な専門家を全国から募り、依頼者とマッチングさせるサービスを始める。名付けて「Eマッチング」。自分たちでホームページを手作りしてスタートさせると、登録料を無料にしたこともあって全国の専門家たちから連絡が入り始めた。その数は計2000人ほどにも上り、中小や零細企業からの相談が入り始めた。

「当時（2006年）は、『中小企業金融円滑化法』もなかった時代です（同法施行は2009年）。中小企業の経営者たちは銀行への返済に困っても、簡単に条件変更をすることができませんでした。資金繰りから始まり、経営の再建まで相談に応じたところ、たくさんの連絡をもらいました」。

相談内容や地域によって、登録した専門家の中から適切な人を選んで紹介し手数料を得る。相談内容が経営再建や事業再生にも及ぶと、自身がコンサルタントとして直接、依頼者と会うこともあった。最初に立ち上げた事業再生コンサルの知識を活かして、これらの案件にも取り組むことにしたのだ。

その後、こんどは税理士を紹介するマッチングサイトを立ち上げると、こちらも好評だった。仕事は増え、

組織の一員を構成する社員には自らの教養や文化、スキルやマナーなどのリベラルアーツを自由に学べる学び舎がある。

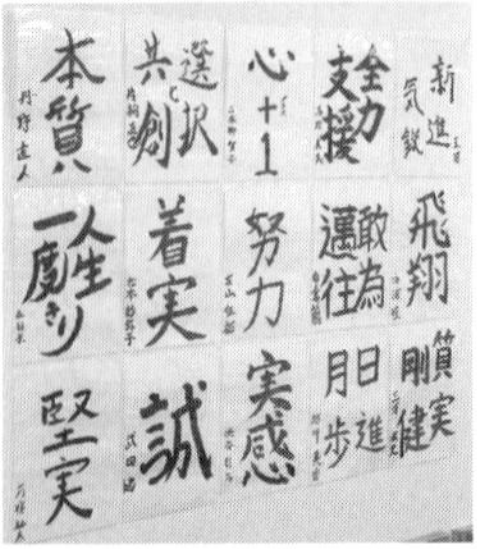

売上は上がり、社員も増えた。お金を儲けることが面白くて仕方なくなり、3年で年商は1億5千万円までに達し、社員数は7人にもなっていた。

「気がつけば『拝金主義』にドップリ浸かっていました。社員は仲間ではなくなり、会社には笑いもなくなりました。皆ひたすら働いて帰るだけ。やがて『金を稼げないやつは去れ！』と暴言を吐く有様でした。完全に勘違いをしていた……」。

毎日、社員を追い詰めるようなことを言いながら、自分でも何かがおかしいと感じた。自己啓発セミナーに出ようと思ったのも、この状態をなんとかしたいと思ったからだ。まる3日間、自分と向き合う時間を過ごすと、「本当にやりたかったのは、こんなことじゃない……」と気づいた。

自分が味わった深い挫折感。同じ経験をした人たちと「希望を創れる会社」にしたい、という創業当初の気持ちを思い出した。3日目の研修を終えたその日の夕方、そのまま会社に戻ると全社員を集めて宣言した。

「方針を変更する。本当に信頼できる仲間たちとチャレンジできる会社を創る」。何を言い出したのかと慌て驚く社員にそう言い残すと、丹野代表は帰路についた。翌日、出社すると4人が辞表を出した。その結果、残りの2人の社員と共に3人で再出発することにした。その2人とは、現在、グループの片桐専務取締役と子会社である㈱ラグジュアリーの綱島真樹代表取締役だった。

もう一度、原点に還ってやり直す。誰もがチャレンジできる会社にする。信頼できる仲間を作る。残った3人で「未来に希望を創る」という企業理念を作った。

「私たちのような人間でも、絶対にできるんだっていうことを証明したい」と丹野代表はそう決意する。丹野代表の「第二の分岐点」だった。

人材育成を最優先にする事業は後から着いてきた

「3人になってから、採用をどんどん始めました。全員リファラル（人からの推薦・紹介）です。まず高卒、中卒の人たちが集まってきました」。

採用した社員たちには「理念教育」を徹底して行った。通常は事業が先にあり、そのための組織を作り人材を育成する。ネクステージではまったく逆の方針だった。事業が何も形になっていない段階から、まず人材の育成を図っていったのだ。しかし、現実は厳しかった。人材育成を優先したことで具体的な事業はなかなか捗らなかった。だが、しばらく我慢を続けた結果、少しずつ事態が変化し動き始めた。

「(マッチングサイトは)自分たちの手作りでサイトを作って運用していたのですが、それを聞いた人たちから『ウチのも代わりに運用して欲しい』という声が掛かるようにもなった。サイトに多くの人が訪れるようになってくることで、広告を打つ価値も高くなっていきました」と丹野代表は話す。

そして、2009年に立ち上げたのが子会社の㈱アクセルだった。初めはサイト制作の請負業だったが、やがて事業の中心は広告代理業へと移りこれが本業になっていった。現在、アクセルではサイトでの広告営業と共にシステム開発から保守・管理までの業務を手がけている。Web関連のクリエイティブ制作は2011年に立ち上げた子会社のリネックスが引き継ぎ、現在はスープレックスと社名を改め事業を継続する。

2010年には通販事業も開始した。女性向け健康・美容商品を扱う通販サイトだ。やはり自分たちで手作りしてサイトを開設した。この事業は現在、2015年に設立した子会社の㈱HRCに集約されている。

こうして次々と具体的な事業が立ち上がり、2014年度のグループ全体の売上は約4億円、翌2015年は6億円ほどだったが、2016年度になると15億円に躍進し、2017年度には35億円へと急伸する。

「人が育ったことで事業も大きくなりました。一般の企業では、社員が30人から50人の規模で壁に突き当たると言われています。売上が伸びても、それに組織がついていけずに疲弊してしまうためです。事業を作ってから人を育てるため、どうしても(人材の育成が)追いつかない。私たちはそうではありませんでした。初めに人材育成や組織づくりばかりに力を入れたため事業が立ち上がらず苦労しましたが、いったん事業が走り出せば、人と組織ができているのですぐに加速させることができるのです」と丹野代表は、その秘訣を明かしてくれた。

組織と事業は分けて考える
グループ横断型プロジェクトで
成長を実感できる体制を確立

現在もネクステージグループは、「人が先、事業が後」の方針を徹底している。そのため「組織と事業」とを分けて推進していくことに留意する必要がある。事業とは文字通り事業のことだが、組織とは事業遂行のための組織ではなく、人材育成のための組織を指しているのが、ネクステージの最大の特色だ。

事業のために組織を作り、人を育成するのではなく、事業とはまったく別次元で、人の育成を行う。人の育成を進めながらチームを作り、そのチームで組織全体

ネクステージグループ各社の経営陣が一同に集合する『経営発信会』は満足感と熱気が満ち溢れる「祭り」となる。

が機能するようにする。そして人材と組織ができあがったところで、後から「事業をはめ込んでいく」。

採用では新卒採用に限らず、1年中、中途採用を行い月に数名ずつ採用を継続している。そのほとんどがリファラル、人からの推薦や紹介だ。

新卒入社者には、オリエンテーションに始まり、カルチャー研修、ビジネスマナー研修などビジネスパーソンとしての基本を身に付けることから始め、CS研修、CRM研修、ホスピタリティ研修など、順次、実務上で必要なスキルを教育していく。配属後は、部門OJT研修や各種社外研修などで専門教育も受ける。中途入社者も同様だ。また、主任・課長と職位が上がるにつれてマネジメントの研修も行う。いずれも、「価値観教育、態度教育、職能教育の3つの観点から行っている」と丹野代表が説明するように、まずミッション重視の内容となっている。

自ら学ぶ仕組みとして、グループ横断型の委員会やプロジェクトを設けているところも見逃せない。読書委員会では『7つの習慣（スティーブン・R・コヴィー）』の読み合わせを行っている。コアバリュープロジェクトでは、社内でのコアバリューの浸透を図るため、2018年10月、1年がかりで〝コアバリューブック〟を完成させた。

委員会やプロジェクト活動でも、「次々とチャレンジする」ことが推奨され、チームリーダーは立候補制だ。仕事とは違う場面で10～20人のチームをまとめ、課題解決を進めていくことで「自分自身の成長を実感できる仕組み」が整っているという。

「タンチョク」で新規事業を検討 そこでも土台はあくまで人材育成

「チャレンジする仕組み」として、2019年春から開始したのが経営塾『タンチョク』だ。これはグループ会社の社員なら誰もが応募できる「経営者を養成する特別な人材養成機関の名称で、この塾の卒業生は将来、グループの子会社社長になれる資格をもつことになるという制度だ。この塾では経営者になる覚悟をもつ社員に、経営に必要な知識やノウハウを丹野代表が直《チョク》々に伝授する。

「これまでに立ち上げた事業は20以上あり、半数以上が失敗しています。多くの事業失敗を経験している分、どうしたら失敗するか〝判《わか》る〟のが私の強みです。頭の中で〝暗黙知〟化していたものを1年以上かけてまとめたことで、経営者を輩出する仕組みとして〝再現性〟を高めていきたい」と丹野代表は話す。

ここでも人材育成・養成優先の方針は変わらない。

では、どのような人物が望ましいのか……。

「2階建ての建物で考えてみます。1階部分はマインドとして〝素直さ・感謝する力・プラス思考〟。これらが経営者としての前提条件です。これを土台に2階部分として〝ブレない意志・巻き込み力・経営知識〟が求められます。経営知識は、タンチョクや本からでも学べますが、ブレない意志や巻き込み力は、動きな

1年がかりで作り上げた“コアバリューブック”

拝金主義から大転換して、人材育成に力を入れ始めたのが2008年頃のこと。「未来に希望を創る」という企業理念を策定し、それ以降、会社の価値観につい

ての議論が繰り返されてきたが、それから10年の歳月を経た2018年10月、遂に“コアバリューブック”が完成した。

掌に収まる小さなブックの中に「まずはやってみよう」から始まるグループの10のコアバリューが、その解説と共に記され、気がついたことを書き込むメモ欄もある。仕事で迷った時に開いて判断基準としたり、メモを見直しながら自分の成長に気づくことができる。

2017年10月、グループ横断型の“コアバリュープロジェクト”を発足させ、5人のメンバーを中心に1年がかりで“言葉”一つひとつを慎重に吟味し、全社員で討論しながら作り上げた。

日常的に、他の社員に感謝することを習慣づけるための「ありがとうカード」と共にセットにして、“コアバリューBOX”に入れて入社する新入社員全員に配布される。

この“コアバリューブック”こそ、丹野代表が目指している“ネクステージグループの集合知”第1弾目の結晶ともいえる“人材育成の集大成”なのだ。

がら身に付けていくしかありません」。

新規事業については、特に慎重に吟味するという。

「すでに市場はあるか、ベンチマーク企業はいるか、新規顧客を獲得するために複数の手法があるか、リピート顧客獲得のための仕組みが作れるか。そして、事業を運営・継続する組織を創ることができるか」。この5つの視点から検討していくという。

ネクステージグループには、現在、8事業が並立する。
その中の1社「飲食事業」会社が経営・運営する
焼き鳥店『鶏次』は「抜群にうまい焼き鳥」を提供する。

2018年に立ち上げたばかりの事業の一つに〝パーソナルジム〟がある。ジムのトレーナーを務めていた人がネクステージグループに転職して始めることになった。

これを一例とすると、パーソナルジムの大々的なPRもあって、パーソナルジム市場はすでに存在する。だが、激戦の中にただ飛び込んでも勝ち目はない。市場を見渡せば、大手だけでなく中小零細までひしめいているが、中間部分にはまだチャンスがある。そこでは人材が不足し、接客、ホスピタリティの面が極めて弱い。スタッフはジムのトレーナーとしての技量を身に付けることはもちろん、女性や高齢者などでも気軽に利用できるよう、接客のトレーニングを積むことで勝ち目が見えてくるという。

また、一気にダイエットするような激しいトレーニングではなく、日常の健康づくりのために長く継続できるプログラムを作ることもカギとなる。

「サブスクリプションモデル（会員制の継続的なビジネスモデル）が理想です。（トレーニングの）効果は高いけれど料金が高額では続きません。1年2年と続けられる負担のない料金体系も必要でしょう。CRMを実現できるモデルでもあります」。CRM（カスタマー・リレーション・マネジメント）とは、顧客一人ひとりに適応したサービスを展開することだ。

このように新規事業が成立していくための要件を細かく精査していく。そして「行ける！」と判断すれば、事業の責任者としての適性をもつ社員が選出され、その社員と共に子会社を創り事業の立ち上げを行う。この事業責任者は経営者養成塾「タンチョク」卒業生から選ばれる。その後、この立ち上げ期を経て、第一関門の月次「単月黒字」を超え、ビジネスモデルができ上がり、堅牢になってきたと確定した段階で、晴れて子会社の〝社長〟として任命される。

グループの原点「BAR WONDER」がオープン

高田馬場のネクステージ本社のオフィスに隣接して作られたのが『BAR WONDER』だ。2019年2月14日の“バレンタインデー”にオープンした。

週末限定でお酒が飲め、日中は社員が自由に使える明るく開放的な空間だが、この『BAR WONDER』、実は丹野代表がかつて新宿の歌舞伎町で始めた店と同じ名前なのだ。

500万円の借金の元になった苦い記憶を呼び覚ます名前でもあり、現在のネクステージの片桐専務と初めて出会った店の名でもある。

「そんな想い出深いBARを、本社移転と共にどうしても再現したかった」と丹野代表は話す。みんなの憩いの場として、気軽に相談できる場として使って欲しいという。

「それから夢ですね。ぜひ仲間と共に夢を語り合い、絆を深める場所として活用して欲しい」。丹野代表自身、グループの原点ともいえるこの『BAR WONDER』で毎日、気持ちを新たにしているという。

「一度、事業の立ち上げから収益化までの過程を経験すれば、圧倒的な実力が嫌でもつきます」。

この子会社社長までの道程を丹野代表とグループ本部の新規事業支援室が二人三脚で伴走し、バックアップする。子会社社長に任命されると大幅な権限委譲がなされ、原則3000万円までの借入れが本社から受けられることになる。

一方、事業撤退時にもネクステージらしい特色がある。原則として、3年以内にその事業が軌道に乗らなければ撤退する。このように事業の「創出と撤退」の明確な基準が設けられている。

「事業撤退しても、誰もその社員を責める人はいません。失敗した経験は必ず次の機会に活きてくる。チャレンジし続ける〝文化〟を大切にしたい。失敗こそ財産です」と、丹野代表は話す。

〝チャレンジする文化〟を創り上げていくことを、ネクステージでは何よりも大切にしている。

「やりたいことは何?、とよく言われますが、実際、やりたいことがはっきりしている人はそんなにいるわけではありません。むしろやりたいことがない、あるいはわからない人の方がずっと多い。それは、まったく悪いことではありません。逆に大きな強みだと思っています。だって、何でもできるんですから……」と、丹野代表は軽やかに微笑む。

何をやっていいのかわからない。だが無性に何かをやりたい。そんな〝飢餓感〟をもった人材を求めているという。

「やっていくうちに見えてくるものがあるはずです。やりたいことが見えた時、やれる環境を私は提供していきたい。ピッタリと埋まるものがあれば、一気に事業は大きく展開していくでしょう」。

2026年までに〝30事業〟を創り、「すごい会社」になるのがネクステージグループの目標だ。

最後に、丹野代表は次のように話してくれた。

「人は『何でもできる』、『何にでもなれる』ということを数多くの経営者を輩出することで証明していきたい。それが、私がこの世に生まれてきた目的なんだと、今は思っています」。

丹野代表の言葉の一つひとつには
自らの体験から得た"経験値"と
勉学で鍛え上げた"ナレッジ"が
調和して"心と頭脳を刺激する"
絶妙な"言語感覚"に溢れている。

社名	ネクステージ株式会社 NEXTAGE Co., Ltd.
本社所在地	〒169-0075 東京都新宿区高田馬場2-16-11 216ビル 7階 Tel ：03-4563-2363 Fax ：03-4563-2362 URL：https://c-nextage.com
代表者	代表取締役社長　丹野 直人
設立	2006年8月
資本金	1億3,456万円 （資本準備金含む。2018年9月現在）
事業内容	WEB広告代理事業 通販事業 WEBシステムの企画・開発・ 運用等事業・パーソナルジム事業 飲食事業他 現在、8子会社8事業を統括する グループ本部

株式会社八光殿

葬儀会館の中には無数のろうそくが灯り、常に厳かで、清涼な「氣」が流れている。
故人を偲び、思い出に浸る葬祭会場では
人の温もりと優しさが最上のおもてなしとなり、心に遺る儀礼文化の香りが漂う。

「儀礼文化の伝承」で縁を広げ こころに遺る葬祭サービスで感動を呼ぶ

E S S E N T I A L　I N N O V A T O R

地域社会からの絶大な信頼と基盤を得て、70余年。
葬儀事業を中核とする八光殿は、新たな挑戦を開始した。
それは、人と人、歴史と文化、伝統と革新を繋ぎながらも
現代社会が忘れかけようとしている「心と魂」に訴えかける
斬新な「葬祭サービス」を創造し、具現化していくことで
自らと地域の人たちもが喜ぶ“地域再生”を目指している……。

Top Message

株式会社八光殿　代表取締役社長
松村 康隆
matsumura yasutaka

つながりが薄れつつある現代《いま》だからこそ
正統な「儀礼文化」の伝承を

葬祭業は社会的にも責任のある仕事です。

2011年3月に発生した『東日本大震災』でのボランティア活動へは多くの社員が参加しましたが、私自身も自分たちの仕事の意義を再確認しました。またその後、社員皆の責任感がずっと強くなったように感じました。

葬儀は、私たちにしかできない仕事です。

現代は血縁や地縁が薄れて、檀家制度も曖昧になり、家族のことはおろかご先祖様のことを考える機会がすっかり減ってしまいました。

しかし、だからこそ儀礼文化を大切にしてご先祖様のことを、家族のことを、そして地域のことを全社一丸となって考えていく……。それが私たちの役割だと考えています。

我が国固有の「儀礼文化」を伝承し新たな創意工夫を凝らした葬祭サービスで「故人を心から偲ぶ」葬儀事業を創造する。

地元・地域社会からの厚い信頼を寄せられながら年間2千件を超える葬儀実績を残す八光殿。儀礼文化を継承し人と人とのつながりを強めていくことを自らの使命とする。

「皆さんがご焼香を終えて最後のお別れをし、ご遺族の方々が棺《ひつぎ》とともにエレベーターで葬儀会場の2階から1階に降りてきたときのことでした。エレベーターの扉が開くと、突然、ベートーヴェンの『第九（交響曲第9番）』が流れ始めました。亡くなった方が一番好きな曲を、故人様が所属していた吹奏楽団の方々が演奏してくださったのです。ご遺族は驚きながらも、とても喜んでいただけました」。

大阪市の中央東部に位置する八尾市。ここに本社を置く八光殿は、八尾市とその周辺地域を中心に葬祭綜合仏事サービスを提供している。現在、約130人の社員によって、八尾市とその周辺に配置された12の式場で、年間2千件にも及ぶ葬儀を行っている。

松村康隆社長が冒頭に挙げたのが、最近、特に印象深く感じた葬儀の一例だ。

この葬儀を担当することになった八光殿の社員は、故人が音楽好きで、自らも吹奏楽を演奏していたことを耳にした。そこで故人が所属する楽団へ出向き、仲間の方々から故人が好きだった曲を教えてもらう。それだけではなく、団員たちにお願いをして葬儀の最後にその曲を演奏してもらうことにしたのだ。

葬儀の当日、演奏のことは遺族には知らされていなかった。突然のハプニングで皆が驚いたが、故人が『第九』を好きだったことを思い出し、誰もが忘れられない式になったという。

八光殿の行う葬儀には、このようなエピソードがあふれている……。

亡くなったおばあちゃんが好きだったおせんべいを、街中の店を回って探し出した。カラオケ好きだった男性の葬儀では、家族も知らない彼の18番《おはこ》の曲を式場に流した。お通夜の日がちょうど誕生日だったおじいさんのお葬式では、バースデーケーキを用意して遺族を驚かせた。ろうそくの炎を吹き消すように促されたお孫さんは、炎を吹き消した後〝ハッピーバースデー〟を歌い始めた。するといつしか会場中の人たちが一緒に歌い始めて大合唱に……。

「故人様のことを思い出せるものや好きだったものはないだろうか」。担当者はいつもそれを念頭に置きながら式の準備を進め、知恵を絞り、会うべき人に会い、探すべきものを探し出す。労を惜しまず動き回ることで、心に残る葬儀を作り上げていくのだ。

「ご遺族や参列者の方々が、どれだけゆっくりと故人様のことを悼《かな》しめるのか。よいお葬式だったねと思っていただけるのか。故人様を大切にしつつ、ご遺族の方に寄り添い、創意工夫を重ねています」と松村社長は葬儀サービスでの要諦を話してくれた。

八光殿が掲げるのが「故人様を大切にするお葬式」と「感動葬儀」だ。式場が音楽であふれたり、時には賑やかになったり、従来の葬儀の形式にとらわれない自由な発想にも思えるが、八光殿では、葬儀の核をなす「儀礼文化」に深く敬意をはらい、大切にしているのが大きな特徴の一つだ。

今ではネットで葬儀社を探し、簡易に葬儀を済ませようとする風潮も散見されるが、八光殿は、それには同調しない。故人のために精一杯の知恵を絞り心に残る葬儀を企画する。通夜や告別式などでの手順やしきたりは儀礼文化の伝統にのっとり厳粛に守り進めていく。それが八光殿にとって、質の高い葬儀・仏事サービスを提供できる源泉と考えている。

少数の経験豊富な社員に頼る経営から全員が力を発揮できる組織力展開へ

「創意工夫」と「儀礼文化」を守り伝える姿勢。一見、相反し矛盾するかのように見える要素を両立させ、積み重ねることで、同社は地域から厚い信頼を寄せられるようになった。だが、そこまでに至る道程は容易くはなかったという。

会社創立は、70年ほど前の1947年に遡る。現在の松村社長の父親が起こした中河内葬祭社が前身だ。いわゆる「まちの葬儀屋さん」の一つだったが、1985年に葬儀会館八光殿八尾中央を開設したことで、組織的に葬儀を執り行う企業として知られるようになった。

「ピーク時には八光殿八尾中央では月に120件もの葬儀を行いました。会館には式場が3つあった

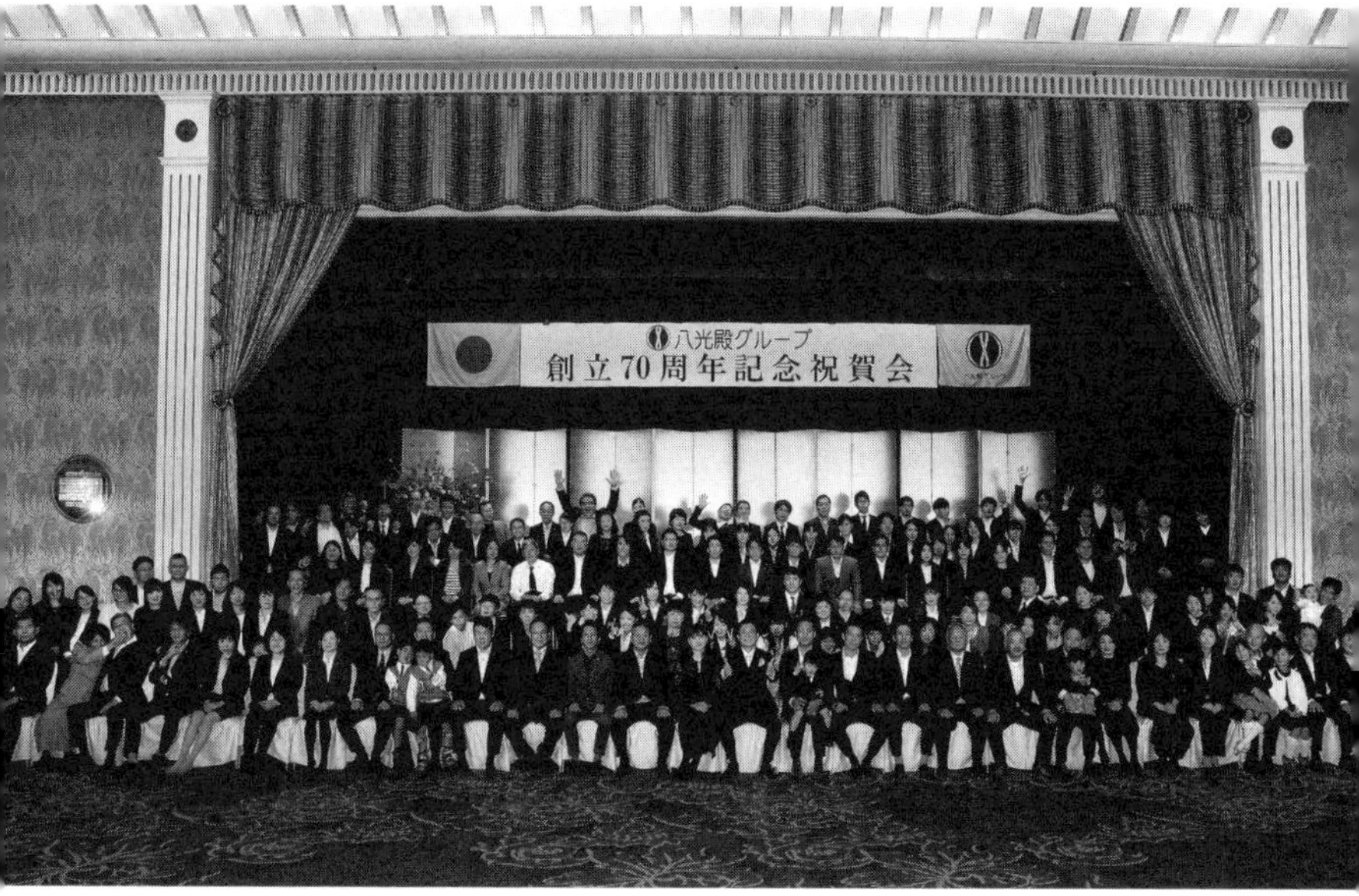

2017年、八光殿は70周年を迎え、祝賀会ではグループ社員とその家族が一堂に集まった。

のですが、それでは足りずに法事・法要のために作った和室2つも使って、毎日、5つの式を並行して進めていた時もあったほどです」。

　その後も八尾市周辺に葬儀会館を増設して、地域に密着した葬儀サービスを展開。会社は発展し社員数も増えていった。だが当時、松村社長には、それが喜ばしいことと同時に、一方ではとても不安にも感じられたと話す。

「その当時、葬儀の進行は経験豊富な担当者にしかできませんでした。ひとつのお葬式にベテランの担当者が一人就き、サブの社員はいましたが基本的には1から10まですべて一人で行っていました。会社の仕事にも関わらず、個人経営のような形態になっていたんです」。

　社員は毎日朝8時半までには出勤して、日中は準備に追われ、夕方からは通夜の司会進行を務める。その後も夜勤業務で朝まで仕事に従事し、そのまま翌日の告別式の準備に入る。他の葬儀の依頼があれば、それも同時並行で進める。文字通り、寝る間もなく働かなければならなかった。

「社員が１００人ほどの規模になると、やはり会社としての方針をはっきりと打ち出さなければと考えていました。確かにそれまでも創立者の父が作った『人にやさしく、自分に厳しく』という言葉や、『一人はみんなのために、みんなは一人のために』などといった指針はあったのですが、もっと明確なビジョンを作らなければ、と思っていたんです」。

　誰もが納得できる会社の「理念とミッション」を作り、社員一人ひとりにしっかりと浸透させたい。そして経験豊富な社員に限らず、どんな社員にもきちんと葬儀を行えるだけのスキルを身に付けてもらいたい、と考えていた時期だったという。

クレドを知って「これだ!」と確信する 社員一人ひとりが自ら考え 決断し「考動」していくために…

そんな時期に知ったのが、高級ホテルを全世界で

「震災のボランティア経験で、葬儀業は社会的責任のある仕事だと改めて確信しました」と語る松村社長。

展開する『ザ・リッツ・カールトン』のクレドだった。会社の方針などを1枚の紙にまとめたものだ。社員はそれを小さく折り畳んで持ち歩き、必要な時に取り出して読み返す。

そこには企業理念やミッションなどが書かれていることはもちろんだが、社員の行動指針や心構えなども細かく記している。社員は、仕事中に何か判断を求められる事態に遭遇したときには、クレドを見てどうすればよいか考える。上司の判断を待たずに、その場で瞬時に自分で決断して「考動」に移すことができる。クレドとは、社員が自ら考え、行動するためのツールだ。

松村社長が何より心を動かされたのが、クレドについてのエピソードだった。『ザ・リッツ・カールトン』で働く従業員は、ある日、若い男性客から椅子を貸してほしいとの依頼を受けた。事情を聞くと、その日の夜、海辺で彼女にプロポーズをするという。そこで従業員は、砂浜に椅子とテーブルを準備し、テーブルの上に花とシャンパンを用意した。プロポーズの際にひざまずけるようハンカチもそばに置いた。クレドを見てどうすればその男性に喜んでもらえるのか、自分で判断した結果の行動だった。こうしてその男性のプロポーズは大成功し、従業員やホテルの噂はどんどんと広まっていったという。

「こんなにすごいものがあるんだと感動しました」。

八光殿にすぐに導入することは難しかったが、父親が社長の座から引退しチャンスが訪れた。親族が2代目の社長となったが、父親は「社長の60歳定年制」を唱えてそれを自ら実践してくれたおかげで、数年後に自分が3代目の社長になることがいよいよ明確となった。その結果、将来の社長として、堂々と社内改革に着手することができた。

数年をかけて会社の方針や社員の行動指針などを見直して、八光殿の「オリジナル・クレド」を作ったのは、２００６年9月のことだった。

八光殿のオリジナル“クレド”。
企業理念や行動指針が記されており
社員一人ひとりの日常業務を支援する。

「社員のこころのありかた」と「社員のありたい姿」で一人ひとりが自ら判断して「感動葬儀」を実現していく

当初のクレドは、『ザ・リッツ・カールトン』の考え方を基本として葬儀業に移し替えたものだった。葬儀業はサービス業であることを明快に宣言し、遺族には温かく接し、ニーズを先読みして応えていくことを謳った。その後、数年をかけて内容を吟味していき、現在では企業理念として『全社員の心物両面の幸福を追求するとともに、感謝の心でしあわせ社会を創造する』と、社員の幸福を追求しつつ、同時に社会に貢献する方針を打ち出した。

「社内顧客満足があって初めて顧客満足が成り立つ。当初はそんな基本的なことも知りませんでした。勉強していくうちに、まず社員が元気で幸せにならなければいけないと決めました」。

全社員と共に、全社員の家族、お客様、地域住民の皆様、地域社会、協力会社様、そして儀礼文化の7項を大切にし、8番目に、諸先輩への感謝と会社の発展を掲げた「三方善し」ならぬ「八方善し」の経営方針になったという。

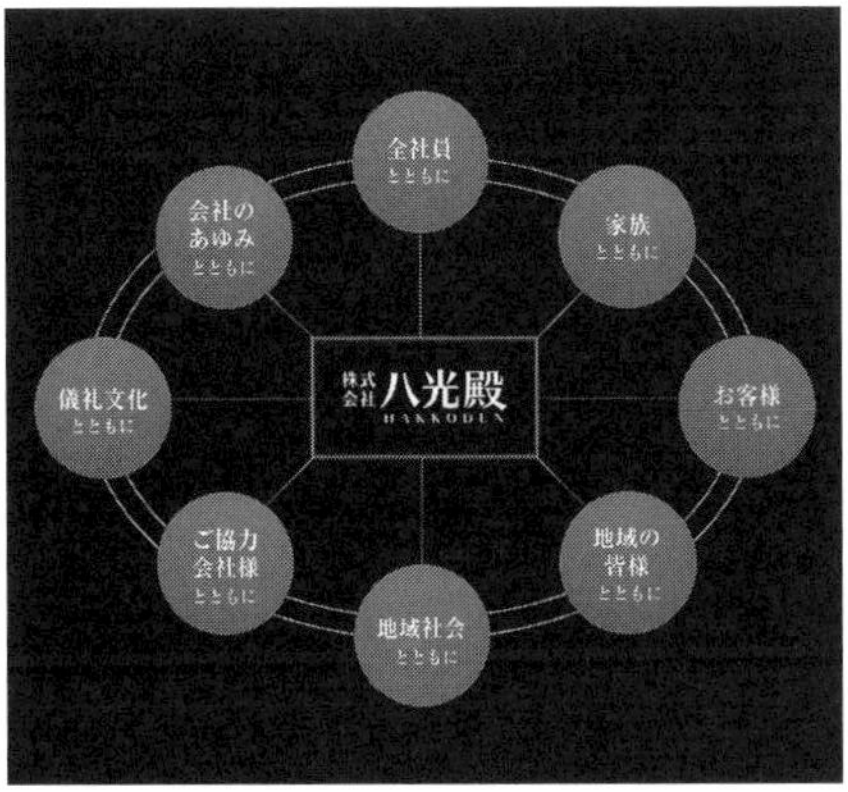

『八方善し』とは、同社の「企業理念」を明確に示す物心両面に亘る“経営方針”として作成されたものだ。

また「社員のこころのあり方」として、「こころを高める」「感謝の気持ちをもつ」「謙虚な姿勢をもつ」などの10項目を定め、具体的には「社員のありたい姿」として「感謝の気持ちを『ありがとう』の言葉で表す」「なにが地域貢献か常に一人ひとりが考える」などの26項目を掲げる。

社員一人ひとりが「故人様とご遺族、また地域社会のために何ができるのか」。それを常に考えることを促す内容となっている。ザ・リッツ・カールトンの従業員が自ら考えて、男性のために砂浜にテーブルなどを用意したように、八光殿の社員たちもまた故人と遺族のために何ができるかを常に考える。

「儀礼文化」を重んじつつ、心に残る葬儀を執り行う……。そんな難しい仕事ができるのも社員一人ひとりが、自ら考えることを常に考えて自分の裁量を存分に発揮しているからなのだ。

若手が成長できる環境を整備
その反面、ベテランの離反も

　このようにして会社が目指す方向性を明確にする一方、まず社員を大切にする方針から、長時間労働などの労働環境の改善を図った。そのために夜勤専門の社員を雇い、徹夜仕事が続くような就労環境は改めた。

「社員には、『八光殿に勤めています』と自信をもって言ってほしい」と松村社長は話す。

　また、取引先を重視する方針からは、「業者」という呼び方を「ご協力会社様」と改め、高圧的な振る舞いを改めた。常に対等な関係のパートナーとして付き合うように心がけ、今では商談などで取引先が八光殿を訪れる際は、社長を含め、社員が10分前には出迎えるようにしているという。

　すべての社員に葬儀を独力でも取り仕切れるチャンスを広げ、どのように知恵を絞ったのか朝礼などで発表する機会を増やした。創意工夫を奨励し、向上する意識の浸透を図るためだ。

　教育環境も整備した。現在は、小規模な葬儀ならば3年で一人でも進行できるように、また、5年で大規模な社葬まで執り行える一級葬祭ディレクターの資格を取るように奨励している。

　経験豊富な社員に頼る個人経営者の集まりから、組織的、かつ体系的な事業運営へと大きく舵を切ったわけだが、その改革には痛みも伴った……。

「この方針にはついていけない、と経験豊富な社員が数人辞めていきました。経営方針として、まず社員とその家族を大事にしようと打ち出した時、最初に自分の奥さんに『ありがとう』と言おう、そう社員たちに問いかけました。私自身もできていないけど、努力するからと。でも、とてもそんなことはできないと言われてしまったのです（笑）」。

経験豊富な社員こそビジネスの最前線に立って、尚かつ、後輩たちの指導でも力を貸して欲しかったが、そうはならなかった。ベテラン社員の退職は打撃であり、組織として脱皮していくことは苦しみを伴うものと実感したが、方針を曲げるわけにはいかなかった。

一方では、理解者も多く現れ始めた。葬儀の備品などを扱うご協力会社様の中には、全国規模でビジネスを展開しているところが少なくない。そこから全国の同業者に向け弊社の噂が広がっていったという。

企業として理念や経営方針を明確に打ち出し、人財育成の体制も整いつつあった八光殿を知り、自社でも改革を進めたい、そう希望する各地の同業者から後継者候補の若手が送り込まれてきたのだ。これまでに計20人を受け入れ、3年間でひと通り葬儀を執り仕切れるように育成している。研修を終えて自社に戻った若手たちは、そこで同様に企業理念や経営方針を見直したり、クレドなどを作成し浸透を図ったり、八光殿で学んだことを応用しているという。

地域活動にも盛んに取り組み 震災では仕事の意義を改めて確信する

組織や仕事の進め方を見直していくのと同時に、八光殿では、特に地域活動に力を注いできた。これは経営方針の「八方善し」の考え方で、地域住民と地域社会への貢献を謳っている。

現在、毎朝続けているのが本社や各会館周辺の清掃だ。8時50分から9時10分までの20分間、社内清掃とあわせて外へ出て本社と会館周りの清掃に励む。夏の暑いとき、冬の寒い日も毎日だ。

月に1度、取り組んでいるのが「アドプトロード活動」だ。大阪府や地域の自治体より認定を受け、街の道路清掃や美化活動を継続的に行う。八光殿の本社では本社や市役所から近隣の駅までの公道を。また5市に分散する葬儀会館では、会館から近くの駅までの延べ７㎞に及ぶ公道などの清掃を受け持っている。

夏になれば、〝地域の祭り〟の準備を社員総出で行っている。八尾市の伝統の『河内音頭』を踊るために、社章をあしらった法被《はっぴ》も社員分作った。

２０１１年3月の東日本大震災では、約1ヵ月の間、交代でボランティアとして宮城県仙台市に赴いた。東北を拠点に活動する葬儀社「清月記」の支援として駆けつけたもので、次々と震災の犠牲者が運び込まれて来る仙台市内の遺体安置所に常駐し、棺を組み立てたり、納棺の仕事を行った。

震災当初に社員から意見を聞くと、全員がボランティアに行きたいという。そこで松村社長を初め役員が最初に現地に入り、順次、社員たちに引き継ぎ、交代で延べ１３０人が参加した。

現地では、「多い日には1日に５００棺を組み立てたり、１００を超えるご遺体を納棺する日々が続いた。会場には次々とご遺体が運び込まれて、行方不明になった肉親ではないかと家族がやって来ては数百にものぼるご遺骸を確認していく。その姿を見ていて、とても辛かった」という。

葬儀自体は地元の葬儀社が行い、八光殿は裏方に徹して名前を知られることもなかった。だが「葬儀・納棺に携わるということは、社会に貢献すること。それを改めて確認できた貴重な経験でした。何より私たちにしかできない仕事。皆が何事にも代え難い経験をしました」と、自分たちの仕事の意味・意義を再確認できたと松村社長は話す。

「なんでそこまで！」と言われながらも 2年かけ『河内音頭』でギネス記録

地域の活動は辛いことばかりではない。もちろん楽しいことも多々あるという。

２０１７年９月には、地域で「ギネス世界記録に挑戦し新記録」を作ったこともあるという。「盆踊りを大人数で同時に、同じ踊りを伝統的な衣装で５分間踊る」と認定されるというもので、八尾市では、『河内音頭』を計２８７２人が同時に踊って、新記録を樹立した。

「準備にはまるまる2年かかりました。２０１７年の1月からは毎週集まって地域のおばちゃんたちと一緒に練習も続けました。『そこまでやる必要あるの？』とも言われましたが、『これくらいやらなきゃアカンねん！』と言い続けてやり遂げました（笑）」。

記録に挑戦するまでひと月に迫った２０１７年７月の後半、突然ニュースが飛び込んできた。宮崎県

地域活動で「儀礼文化」の伝承と地縁の強化

『終然灯』、『人形供養』、『賀寿祝』
盛んな地域貢献活動

八光殿では各地にある会館での地域貢献活動が盛んだ。毎年行われている行事のひとつが『終然灯《ついぜんあかり》』。お彼岸に故人や先祖などへ感謝の気持ちやメッセージをろうそくに記し、火を灯して供養する。

第10回を迎えた2018年は、八尾、大東・四條畷、門真、東大阪の４会場で開催され、計300名が参加した。

『人形供養祭』は、大切にしてきた人形やぬいぐるみを無料で供養する催しだが、当日は抽選会やミニ・ゲームコーナーなども用意され、地元の人たちが楽しく集える場となっている。これも各地域で行われ、最も長い八光殿八尾中央では、2018年で14回目を迎え計1700名が参加した。

2019年の敬老の日に新たに予定しているのが『賀寿《がじゅ》祝』。地域で還暦《かんれき》(60歳)を迎えた人をはじめ、古稀《こき》(70歳)、喜寿《きじゅ》(77歳)、傘寿《さんじゅ》(80歳)など、高齢者を一堂に招いてお祝いをする。「地域の同窓会のようなもの。それぞれの街で楽しく集えれば」と企画した。儀礼文化を伝え、地縁を強くしたい。ここにも八光殿の企業理念とミッションが灯されている。

延岡市で地元の『新ばんば踊り』で2748人の新記録を作ったという。

それまでの記録は『八王子まつり』の2130人だった。延岡市はそれを一気に600人以上も上回る記録を打ち立てた。八尾市の記録更新が危ぶまれたが、9月上旬には延岡市を124名上回る2872人で世界新記録を達成した。

地域が一体となって「ギネス世界記録」を打ち立てたことは、多くの人たちを興奮させた。

「2017年はどこへ行っても話題に上りましたね。私が、仕事であるお通夜に参列していると、肩をポンポンと叩かれ、全然知らない方から『私も踊ったよ』と（笑）。思わず『ありがとうございます！』と答えました」。

八光殿本社の2階には、新記録の『ギネス世界記録』の証明書が誇らしげに飾られている。参加者の中には、個人的にこの証明書を取り寄せて、「私が死んだら、お棺の中に入れてくれ」と話している人もいるそうだ。

地域住民たちと一体となって
『河内音頭』で
ギネス世界新記録樹立

地縁、血縁が薄れていく時代だからこそ「儀礼文化の伝承」に力を注ぐ

今ではインターネットを検索すれば、地域の葬儀社がズラリと出てくる。お通夜なしで告別式だけの1日葬儀を謳ったり、僧侶などの宗教者に祭祀を依頼せず、低価格を競うところも目立ってきた。

「3年前には、宗教者を呼ばない葬式の割合が10％ほどになりました。弊社が年間行う2千件の葬儀のうち2百件ほどに上ります。これではいけないと、一所懸命ご遺族の方に儀礼文化の大切さを説明して、２０１６年には５％までに減りました。しかし、これがまた近年増えて、今では７％ほどになっています」。

　家族や親族が亡くなると、葬儀会社の言われるままに宗教者を呼び、葬儀を済ませてしまう家庭も多いという。後から菩提寺がそのことを知り、「なぜ呼んでくれなかったのか」と問われて、初めて大事な手続きを怠ったことに気づく。現代では、仏壇のない家庭や、自分の家族の宗旨や宗派を知らない人も多くなったという。

　松村社長が危惧するのは、儀礼を忘れることで、血縁や地縁などの「人と人との繋がり」が希薄になっていくことだと話す。だからこそ「儀礼文化」を大切にしなければと考えているのだと……。

　正しい儀礼文化に基づいて葬儀を行い、故人を大切に想い、遺族に寄り添う。それにより誰もが家族

新しく始めた遺品整理　介護・福祉事業の展開も

葬儀後の遺族が直面する問題をも解決したい！

　八光殿で2017年より「遺品整理」の新規事業を始めた。葬儀をあわただしく終えた後、遺族が直面するのが、故人の遺品をどうすればよいのかという問題だという。形見分けでも残ってしまった遺品を供養したり、あるいはリサイクルしたり、また家屋や土地などの不動産についての整理や解体などの手伝いをする。

　かねてから「生前整理や遺品整理」をテーマにセミナーを開いてきたが、関心は高く根強いニーズがある。電話相談で事業を開始したが、2018年末には、地域のショッピングセンター内に直営店を出店した。いずれは葬祭サービス同様、周辺の各地にも広げていきたいという。

　現在、新たな事業展開を構想しているのが介護事業だ。競争が激しい分野だが、葬祭サービスと地域貢献活動で築いてきた「多くの信用が安心材料になる」と信じていると松村社長は話す。その後は障がい者支援など、福祉全般の事業を視野に入れ、より地域貢献できる事業を推進したいと語る。

のことを先祖のことを、そして地域社会全体のことを考えるようになる。「儀礼文化」を守り、継承させていくことと、地域活動で「人と人との繋がり」をつくっていくことは、深いところでしっかりと繋がっている。これからは、ますます血縁や地縁が薄れていくだろう。だからこそ自分たちが果たさなければならない役割は大きい、と松村社長は話す。

2019年春から、八光殿は事業のフランチャイズ化を開始することにした。最小で12坪という葬儀場の設計図を用意し、加盟する人には地元に葬儀場を作ってもらい、そこで葬儀を執り行うようにする。その間、取り組んできた社内の「人財育成」のノウハウを駆使して、葬儀の進行などについての教育も徹底して行うというものだ。

低料金でシンプルな葬儀のニーズに応えていきながらも、「儀礼文化」には妥協しない。むしろ誰もが望む形の葬儀を普及しつつも「儀礼文化」に触れる機会を増やし、その継承に役立てたいと考えている。

「皆さん、こんなに小さな葬儀会館で本当にできるんですか？　と最初はびっくりされるんですが、今でも圧倒的に小規模な葬儀が多いのが現実です。しかし、八光殿ではお通夜もお葬式もしっかり行いますし、ご親族の方には故人様に死装束をつけるお手伝いもしてもらっています」と、松村社長は話す。

「小規模な葬儀」という時代が求める形を提供しつつ、「儀礼文化」を誰もが体験できる機会を少しづつでも増やしていく。質の高い葬儀を行う八光殿の姿勢が、フランチャイズによって、より広範囲に伝わっていくことを強く願っている。

葬儀では、「儀礼文化」を重んじつつ
故人と遺族のために何ができるのかと
社員一人ひとりが懸命に知恵を絞る。

松村社長（右から3番目）を
囲んで若手の社員たちと。
新たな教育制度も整備されたことで
若い社員は3年で一人前に育っていく。

社名	株式会社八光殿 HAKKODEN CO., LTD.
本社所在地	〒581-0003 大阪府八尾市本町 3丁目4番8号 Tel　：072-924-0042 Fax　：072-994-0042 URL：http://hakkoden.co.jp
代表者	代表取締役社長　松村 康隆
設立	2012年3月
資本金	1,000万円（2018年9月末現在）
事業内容	葬祭サービス事業 一般貨物（霊柩） 自動車運送事業 近畿陸運局認可事業

株式会社パンスール

広告やPRほど時代を映す鏡はないという。
この競争が激しく、ユーザーの行動心理が時々刻々と変化し移ろう社会にありながら
自らのこだわりや思いを貫きとおしてきたクリエイティブ広告会社が
大阪と東京という、今注目を集めるコスモポリタンに拠点を置く。
彼らが目指すその視線の先にある目標と大志は、人を歓喜させ感動を呼ぶ。

“ストーリーとクリエイティブ”力が協奏する“感動と歓び”を伝播していく

ESSENTIAL INNOVATOR

華やかだが、激しい競争に晒される広告業界の営業・制作現場。学生時代のイベント事業の経験だけを頼りに起業して以来10年余一貫して夢と理想を追い求めて、急成長を遂げる広告制作会社だ。彼らの企業理念やミッション、事業方針は実に簡潔、かつ明快だ。“深く考え行動し、人を喜ばせる”。“Le Penseur《ラパンスール》＝『考える人』”を社名としたクリエイター集団は、「名は体を表す」故事を体現する。

Top Message

株式会社パンスール　代表取締役
寺嶋 正浩
terashima masahiro

人の「心」を動かすのは、自らの〝ストーリー〟

人が喜ぶ仕事をしたい。誰もが「心を動かされるもの」を作りたい。そのためには、自らのストーリーを語ることだ。

それには壮大な物語は必要ない。たった2つの要素「変化」と「過程」に集約される。

「変化」とは「失敗から成功」「苦しいことから楽しいことへ」「悩みを解決する」など、前後の差が大きいことほど、人の心を惹きつける。

2つ目の「過程」では、どのような方法で変化したのかを具体的に伝えることだ。

これができれば、人の感情を揺り動かし、成果に結びつけられる魅力ある「ストーリー」ができあがる。

常に、人と人との〝縁〟や〝思い〟を大切に感動と歓びが伝わる〝ストーリー〟を創り、紡いでいく。

創業以来10年余、浮き沈みの激しい広告業界で急成長を遂げ続けているパンスール。「人を喜ばせる」「絶対にノーとは言わない」「自らのストーリーを表現する」こと……。これら極めてシンプルな原理原則を何よりも自社の重要なミッションとして掲げる浪速・大阪のクリエイター集団が放つ、多彩、且つ多才な事業構想が次代を切り拓く。

2025年開催予定の『国際博覧会（大阪万博）』の会場として、今一番の注目を集めているのが大阪湾の夢洲《ゆめしま》だ。隣接するもうひとつの人工島・舞洲《まいしま》の「舞洲スポーツアイランド」には野球場やテニスコートなどのスポーツ施設が揃い、休日ともなれば大勢の人たちで賑わう。そのスポーツ施設のひとつ『おおきにアリーナ舞洲』は、地元大阪のプロバスケットボールチーム〝大阪エヴェッサ〟のホームアリーナとなっている。ここで試合があるたびに観客を魅了するのが、選手入場を華やかに彩る〝プロジェクション・マッピング〟だ。

開会時間になると会場の照明が落とされ、辺りは真っ暗になる。ざわめく観客の目の前に広がるコート上に、突然、エヴェッサのロゴが浮かび上がる。軽快な音楽と共に、コート上を仮想現実の火の玉となったボールが飛び交い、光の大波が押し寄せる映像が流れていく。やがて選手たちの入場が始まると、観客から大きな歓声が湧き起こり、その興奮をさらに盛り上げるように選手たちのプロフィールが、次々とコート上に大写しされていき、チアリーダーたちの登場とも相まって、会場には一層の熱気が渦巻いていく……。

Bリーグ随一と称されるこの演出のデジタル技術とアートが融合した〝プロジェクション・マッピング〟を企画・制作したのが、大阪市に本社を置くパンスールだ。〝大阪エヴェッサ〟を協賛するオフィシャル・プレミアムパートナーでもある。

同社の事業は、一言でいえば広告制作会社だが、守備範囲は驚くほど広い。Webl制作やグラフィック・デザイン、CMの映像制作などの他、このプロジェクション・マッピングのようなイベント制作、雑誌やパンフレットなどの紙媒体でのコピーライティングや編集作業も得意分野だ。同社の営業体制は充実していて、マーケティング・リサーチ業務と共に、オリジナル新商品の開発や企業ブランディングにも関わるという。

広告関連の企画立案に始まり、あらゆるメディアの制作・運営に携わる会社なのだが、注目すべきは、その業務の全工程を内部の社員が行っていることだ。70人ほどの社員には、営業・管理・経理など通常の会社運営には欠かせない人材の他、さらにライター、グラフィックデザイナー、フォトグラファー、ビデオディレクター、アートディレクター、Webディレクター、コーダーなど多才なクリエイターたちが揃っている。

「クライアントが、なぜ私たちに仕事を依頼するに至ったのか。その経緯や背景、また、この先どういうものを望み、目指しているのか。そこまで理解した上で仕事をしたいと思いました。そして何よりも熱量を込めて仕事をしたい。クリエイターたちがやりたいと思ったことに打ち込んでいる時にでき上がったものの質はまったく違ってきます。〝やりたいことをやりたい人がやれるよう〟に常に適材適所を考えて、できる限り最良のコンディションで仕事をしてもらうように工夫をしています」。

〝クリエイターたちに最高の仕事をして欲しい〟と自身の思いを語るのは、同社の寺嶋正浩社長だ。

広告制作会社は数多く存在するが、実際のメディア制作では外部に業務委託しているところは多い。フリーランスのライターが原稿を書き、写真は個人事業主のカメラマンが撮影する。その原稿や写真を用いてパンフレットや冊子などを編集する編集者も、それらをデザインするグラフィックデザイナーもすべてフリーランスであることは珍しくはない。映像制作も同様だ。脚本・演出・撮影など、すべて独立した専門職のプロに任せ、その企画立案自体も外部の人間が担うケースは少なくない。というよりもほとんどがそうだと言っても過言ではないだろう。

それぞれのクリエイターに得意な職域や個性があり、仕事の内容に応じて適切な人材を選ぶ必要があるためだが、受託する会社にとっては経営リスクを減らしたい意図があるのも明白だ。クリエイターを社員として雇っていれば、常に給与などの固定費はかかる。それよりも仕事が入るたびに外部の人材を集めれば、余計な費用をかけずに済むからだ。

長年、業界で常識となっている方法だが、パンスールは、それとは真逆の姿勢で、仕事は社員であるクリエイターたちの手ですべて行ってきた。経営的なリス

“大阪エヴェッサ”選手入場時の「プロジェクション・マッピング」。ゲーム前の会場内を大いに沸かせている。

※2017-18シーズン撮影

クは高く、会社運営上マイナスにも思えるが、寺嶋社長が語るように、現実はまったく逆で、創業以来10年間、実績は急成長を遂げ、むしろ経営として大きくプラスに働いてきたのだ。なぜ、それが可能になったのか。そして、そもそもなぜそのような経営方針を採ったのだろうか……。

「人に喜んでもらう」ことから仕事の意味とやりがいを知ったイベントやメディア制作での実体験

寺嶋社長が学生時代に所属していたのが「イベントサークル」だ。企画したイベントの中には、数千人もの学生を集めたものもあり、そこに企業が注目して、スポンサーになりたいと持ちかけてきたこともあった。イベントに参画する学生は情報への感度が高く、学生の間では大きな影響力をもっている。企業がイベント会場で商品サンプルを提供すれば、その情報はたちまち口コミで広がった。まだスマートフォンやSNSなどがまったく普及していない頃の話だ。

ある旅行会社とは、学生向けの卒業旅行のツアー企画を立てたことがあった。学生たちからどこへ行き、何を観たいのか、何を体験したいのか。本音の意見を聞きながら企画を進めた結果、学生たちに人気のツアーができあがった。

やがてスポンサー料はウナギ登りとなっていき、1イベントにつき数百万円にも上ることもあり、そのまま会社化して事業運営をし続けることも考えられたが、寺嶋社長は思い留まった。イベントのたびにチケット販売のためサークルのメンバーが走り回らなければならなかった。会社化すればそうはいかない。何よりもいつまで企業がイベントに興味をもってくれるのか、確信がもてなかったという。

それよりももっと着実な方法があった。寺嶋社長が学生時代にもうひとつ取り組んでいたのがフリーペーパーの制作だった。

「イベントで学生をたくさん集めることが可能な〝マーケット〟があったからできたことでした。私自身、制作物を創ることが好きだったんですね」。

学生を対象にプロモーションしたいと考えている企業に営業して協賛金や広告料を得て、媒体を制作する。定期刊行誌として定着すれば、固定的な収入と利益を生み出すことができる……。

寺嶋社長は創刊号でいきなり大胆な行動に出た。大阪城ホールで〝安室奈美恵〟がライブを行うことを知ると、無謀にも彼女を表紙に使いたいと所属事務所に申し込んだのだ。

寺嶋社長は「自分には作れないけど、周りにはたくさんのクリエイター仲間がいます。その才能を最大限に引き出したい」と語る。

「音楽が好きで、イベントでもよく音楽関係のイベントを開いていました。だから申し込んだのですが、今から考えると、ゾッとしますね（笑）」。「怖いもの知らず」だったと寺嶋社長は自認するが、意外にも申し出は受け入れられ、ライブ中の写真撮影はもちろん、その後の本人へのインタビューも実現した。フリーペーパー第1号は、安室奈美恵が表紙もインタビュー記事も飾るという〝あっと驚く〟内容となった。

協賛した企業は絶賛し、凄いことをやってのけたと満足もしたが、その後、大きな落とし穴が待っていた。安室奈美恵のファンたちが、そのフリーペーパーを求めて騒ぎ出したのだ。無料にも関わらず、フリーペーパーはオークションで1万円以上で取引されるようになり、それでも手に入らないファンたちは安室奈美恵の事務所に電話を入れ始め、その結果、事務所は寺嶋社長に増刷を求めた。

フリーペーパーはそもそも無料のため、いくら増刷しても利益にはならない。費用だけがかさむことにもなったが、寺嶋社長は自腹を切って対処した。最終的に金銭的にはマイナスの結果に終わったが、それでも寺嶋社長は満足感でいっぱいだった。

「自分が作ったもので、ファンの人たちが喜んでくれました。一般の人たちにも関心が広がりフリーペーパーを読んでもらうことができました。私自身、これを創っている最中、ものすごく熱い気持ちになれて、こういう仕事を続けていきたいと思ったんです」。

〝人に喜んでもらうこと〟の満足感。そのことによって自分は大きなやりがいを感じた。寺嶋社長の原体験での気づきが、このときに生まれた。

依頼者の意図や背景までを徹底して掘り下げて考え質の高い仕事を実現する

大学卒業後の2008年4月に立ち上げたのが、パンスールだ。社名はフランスの彫刻家、オーギュスト・ロダンの作品『考える人』の原題、〝Le Penseur（ラ・パンスール）〟からとった。深く考え、それに基づいて行動し、人に喜びをもたらす。目指すクリエイティブワークのあり方を表した言葉だった。

会社設立は、自身でコンテンツを作って〝事業化〟していくことはなかなか難しい。そこで当初、企業のプロモーションから始めることにした。あるファッション誌の中で、大阪に焦点をあてた連載があり、その仕事を請け負うことにした。予算は決まっており、その範囲で仕事をすれば赤字になることはない。イベントのようにチケットが売れるかどうかの心配もなければ、フリーペーパーのように増刷騒ぎになることもなかった。

間違いなく〝着実な仕事〟だったが、寺嶋社長はここでも自らの〝仕事に向き合う姿勢〟に妥協はなかった。「人を喜ばせる」という創業の理念を徹底的に追及した。「作る以上は質の高いもの」を作りたいとカメラマンやデザイナーなど、制作に関わるクリエイターの選択にはこだわった。雑誌を見て調べたり、人から紹介してもらうだけでなく、街中で撮影の現場に出くわせば、その仕事ぶりを観察して声をかけた。

「腕の立つ人は当然ギャラも高い。しかし、そんなことはまったく気にしませんでした。今考えればとんでもないことですよね（笑）」と振り返る。

「上質なものを作りたい、そして喜んでほしい」、その一心だった。寺嶋社長の熱意と意気込みに応えて仕事をしてくれる人は多かったが、そうでない場合も多々あった。フリーで仕事をする人は、当然、他の仕事も引き受けている。寺嶋社長が依頼した仕事に最優先で取り組んでくれるわけではない。時には片手間にやっているように思えることもあり、寺嶋社長はその現実に我慢できなかったという。

「外部に出せば、僕たちのために一生懸命やってくれるのかは見えない。それが嫌でした。だから今でも基本的には社員個々の興味や関心を十分に理解した上で仕事を渡すようにしています。受けた仕事は熱い思いをもってやってもらいたいからです」。

依頼者の意図を読み取り、その背景までを考え、思いを一つにして作りたい。この人はと見込んだクリエイターを社員として雇っていくことにしたのは、そのためだった。

「今から考えれば、よくもあんな給料で頼めたものだと自分でも思います。でも、私の思いを理解して入社してくれる人たちはいたんです」。

もちろん全員が寺嶋社長の思いを理解したわけではなかった。社員になった後、実績を積んで自信をつけると、やがて会社を辞めていった人たちもいた。その結果、人の出入りが激しい時期があったという。

業界ではありがちな話だが、社員となったからには一生面倒をみる。そう覚悟を決めていた寺嶋社長にとってはとても深刻な問題に映った。実際、社員が辞めていくたびに寺嶋社長は喪失感を感じて、何が悪かったのかを自問した。理由を聞いて話し合おうともしたし、本人が避ければ家族に会いに出かけたこともあったという。

しかし、ある時、気がついた。辞めると決心した人の意志を覆すことはできない。辞めていく人を考えるのではなく、残ったスタッフのモチベーションをいかに高め、彼らのために何ができるのかを前向きに考えることの方がずっと重要だ。同じ気持ちで仕事をしてくれる有能なクリエイターたちに存分に力を振るってもらい、質の高い仕事をする。その結果、クライアントに喜んでもらう仕事を仕上げていく……。

パンスールの「仕事の流儀」が固まった。

作業や仕上がりに感動され先方との親近感や信頼が増しやがて長く続く仕事が生まれる

クリエイターたちの思いと制作物へのこだわりが、パンスールの大きな特徴になっていることがわかる。寺嶋社長の話を聞いていくと、同社の成長に欠かせないもうひとつの指針が浮かび上がってくる。

「絶対に『ノー』と言いません。『できません』とは言いたくないんです。とにかく『やれます』と引き受けて、断ることは一切しません。それを売りにしてきたんです」と、寺嶋社長は話す。

今でこそ多才なクリエイター、専門家が揃っているパンスールだが、創業当時は「やります!」と引き受けてから、死に物狂いで適任者の人材を集めたこともあった。その意気込みと姿勢が、多くの企業を惹きつけた。

現在の広告は、従来のような紙媒体やテレビCMだけでなく、ネットの普及によりホームページやブログ、SNSとメディアは多様化し、表現方法もテキスト、画像、動画などと急速に進化している。冒頭で紹介したようなプロジェクション・マッピングで来場者をあっと驚かせる新技術も次々と登場する。

企業の広告・宣伝担当者は溢れるメディアの中で、そもそも自社に何が適切なのか迷うことが多々ある。また、何かを依頼しようとしても、メディア制作を名乗る会社や個人は無数にあり、果たして意図通りのものができるのか、予算内に収まるのか、皆目見当がつかず、大きな不安を抱えている。大手企業では大手広告代理店に丸投げすれば何とかしてくれるだろうが、中小の企業には、それだけの余裕はない。

「企画段階での人材が圧倒的に足りていません。その結果、一体となって共に働いて欲しい。また、出向してくれないかという依頼もあるほどです。細かく先方の要望を聞いたり、そもそも何をするべきかを一緒に考えたり……。足しげく通って顔を出し続けることで、やがて大きな信頼が得られました」。

企業の担当者にとっては、どんな依頼に対しても絶対に「ノー」と言わず、必ず何らかの提案をしてくれるパンスールの姿勢は、大きな安心材料だった。自社のクリエイターたちもまた「ノー」とは決して言わずに、それどころか想像以上に情熱を燃やし、それが大きな成果へと繋がっていった。

あるショッピングモールからクリスマスに合わせて館内のイルミネーションの装飾を依頼されたときの逸話は、そのことを端的に表している。

「予算も抑えたいということで、初めは工事会社を紹介するだけのつもりでした。しかし、初めての仕事になりますし、先方にとっては不安に違いない。それで完成予想資料を作ることにしたんです」。

話を社に持ち帰ると、担当者となったデザイナーは思いのほか入れ込み始めた。実際にショッピングモールに出かけ内部の様子を写真に撮って持ち帰り、それを元にしてイルミネーションが施された様子をパースとして描き始めたのだ。館内の主要箇所を10枚ほどのパースとして揃えて先方の担当者に持って行き、大感激された。それまでこのようなプレゼンテーションを

各部門のクリエーターたちが一同に会して会議を行う。依頼先や受け手が想像もしないクリエイティブメッセージを紡ぎ出し、心とカラダが動く物語が完成する。

されたことはなく、また、今回は予算も抑えていたため、まさかそこまでするとは夢にも思っていなかった、とまで言われた。

以後、このショッピングモールとは、チラシ、ホームページ、動画制作などの広告・宣伝の受託業務は増えていき、今では一施設まるごと広告・宣伝についてはパンスールが制作・運用するまでに至っている。

また、あるアパレルメーカーからカタログを作りたいと打診された時も、制作陣が底力を発揮する。

「まだ何の発注も受けていなかったのですが、以前にアパレルの仕事をやっていたデザイナーがいて、お客さまの服を一つひとつ丹念に調べ上げ、モデルの絵も描いてカタログ全ページ分の絵コンテを作ってしまったんです」とクリエイターの心に情熱の火が点いたときの様子を、寺嶋社長は嬉しそうに話す。

通常は、受注後から開始するような作業なのだが、デザイナーはそんな手順を省いて絵コンテ作りに没頭した。それを見た先方の担当者は驚き、その仕事ぶりを会社の上層部に伝えた。寺嶋社長が次に会社訪問をした時には、その会社の社外取締役になって欲しいと誘われたほどだった。それほどのインパクトを関係者に与えた仕事だったのだ。

「僕がデザイナーにやってくれと頼んだわけではありません。彼女が自らやろうと決意したから、あそこまでできたんです。自由に楽しくやった時のみんなの熱量はハンパではありません。モチベーションは高く、できあがりがまったく違ってくるんです」。

「ノーと言わない」心がけで挑んでいると、時にとても小さな仕事が来ることもある。効率は悪く、他の広告制作会社ならば、断るような仕事かもしれない。だがパンスールはどんな仕事も内部で行う。社員自らが取り組むから、納得のいく上質な仕事をやり遂げることができる。そして、その姿勢は感動を呼び、大きな信頼へと繋がっていく。これまでに寺嶋社長は委託先から感激のあまり握手を求められたり、抱きつかれたこともあったと内輪話を教えてくれた。

小さな仕事はやがて大きな仕事へと繋がっていき、いったん付き合いが始まると、途切れることなく長く続くものへと、パンスールと共に成長していった。

より制作者意欲を刺激するような「オリジナルグッズ」づくりを開始

精魂を傾け仕事に取り組み、5年ほど経った頃のことだ。事業規模も大きくなり、売上も数億円程度にまでなった。社員数も30人ほどにまで増えたが、相変わらず人の出入りは激しかった。次の壁を越えていくためには「組織」として機能していかなければならないと気づき、経営について勉強していた寺嶋社長は、改めて会社の経営理念やビジョンを明確にすることを考え始めた。

そこで、自社のミッションを「時代やニーズに合わせ、長年培ったプラスαの提案力で、お客さまに驚きと喜びをもたらすこと。それを生み出すためには関わ

見せるための資料づくり「企画書代行サービス」

2018年に、新しく『DECK“企画書代行サービス”』を開始した。一言でいうと“企画書づくりを手伝うサービス”だ。「企画づくりに携わる人の最大の悩みは、企画書を作ることだ。全体の構成や内容の相談にのることはもちろん、デザインなどの効果的な視覚情報伝達手法についての手伝いもします。いろいろな人に出会うよいきっかけづくりにもなると考えています」と、寺嶋社長は話す。

パンスールの会社特性を活かして、内容の検討から制作、見た目にも美しく、説得力のある企画書・提案書、プレゼン資料などを制作していく。既存の資料を見易く、わかり易くブラッシュアップすることも代行サービスの範疇だ。

低単価で、1件の仕事量も広告に比べれば決して大きくはないが、自社のミッションに従い「クリエイターたちが手抜きせずしっかりと作り上げる」。

公表して以来、毎日、必ず問い合わせが入る。一般企業ばかりでなく、大学の広報部なども興味をもっているという。企画を立てて企画書・資料を作ること。その後、組織内で稟議書を通すことにみな苦労をしているようだと、現状を教えてくれた。

DECK

る人すべてがその仕事に惹かれ続けること」、とした。またどんな要望に対しても、クリエイターたちの個性を活かし、才能を存分に発揮して、必ず制作物としてアウトプットする。これを「One Stop Creation（〝ワンストップ・クリエイション〟）」と表現し、自社の指針として標榜した。

もうひとつ掲げたのが、「Design Your Story」だ。依頼された内容を高いクオリティで仕上げることはもちろん、自らの物語（ストーリーとヒストリー）をも一緒に作っていくことを企業理念とした。

社員たちや自分が疲弊していては力を振るうことはできない。それまでは多くの広告制作会社同様、パンスールも不規則な労働時間だった。そこで就労規則を再整備することにした。また、編集、映像など各専門別に分かれた部署を作り、マネージャーも配置した。

クリエイターたちは、グラフィック、Ｗｅｂ、動画、編集など各部署に分かれて所属をしてはいるが、一つのプロジェクトが立ち上がると、各部署から選抜されてチームとなり取り組んでいく。一人で幾つものプロジェクトに関わるクリエイターも少なくない。また、クライアントから指名される人もいる。異なった才能や知識の人たちが意見を交換し合い、切磋琢磨していく。「組織」として質の高い仕事を成し遂げる体制が徐々にできあがっていった。

寺嶋社長は、クリエイターたちがどうすれば力量を最大限に発揮できるのかをいつも考えているという。クライアントと話をする時は、まだ具体的な仕事にさえならない段階から、クリエイターたちの顔を思い浮かべて、彼らに何ができるのかと知恵を絞る。先方の担当者が口にしたちょっとした事柄をヒントに、会社

自由で気ままは誰もが希求する願いだ。彼ら社員を束ねモチベーションを上げ1つのゴールへと導いていくリーダーシップこそがマネジメントの醍醐味なのだろう。

自社ブランド商品は、まず「絵本」づくりから

“オリジナル・ブランド商品”開発の狙いは、自らの仕事に誇りをもてるように。

現在、受託事業がメインのパンスールだが、2019年からは自社サービス事業も展開していく予定だ。

「10期目までは受託を中心に自力を蓄えていくという計画でしたが、今後は領域にはこだわらずに、新しいアイディアを自社で独自に形にしていきます」。制作会社として高いレベルに達するまでは温存してきた、と寺嶋社長は熱い胸の内を話してくれた。

これまでに培った企画提案やメディア制作のノウハウを元に、自社開発したツールやシステム、メディアやサービス・商品などの自社ブランドによる情報発信を考えているという。

その一つが「絵本の制作」だという。パンスールのクリエイターたち８人がプロジェクトを作り、物語はもちろん、絵・本の装丁もすべて自分たちで行う。絵本と同じキャラクターによる動画制作も進めている。

今年出版予定で、出来上がったオリジナル絵本は、関西圏の子どもたちが集まる保育園や図書館、病院などへ配布し、順次、その範囲を拡大していき全国へ届けたいと考えている。

に戻れば、担当クリエイターと相談して、どうすれば仕事が面白くなるのかを話し合う。その結果、誰もが驚くような提案が出来上がっていくのだ。

普段から一人ひとりのクリエイターの興味や関心、得意・不得意、コンディションなどを発見できるようにも工夫しているという。

「ランチは結構、一緒に行きますね。でも、僕が誘うとみんなビビるので（笑）。社員同士で行く時にちょっと入れてもらうことが多いですね。社員旅行もよい機会です。同じ時間を過ごせば理解の深さは断然変わります。普段に見えている顔とはまったく違う顔が見えてきます。でも、みんなの方は僕と一緒に過ごすのを嫌がっているのかも……。『ズカズカ入ってくるなよ！』と、感じる時もあったりしますよね（笑）」と、微笑んだ。

彼らを理解しなければ才能を引き出すことは難しい。だがクリエイターは自分の時間を大切にする。難しいところだ。だが、その難しさを克服していくことが、寺嶋社長の仕事のやりがいでもある。

２０１８年には新しい仕事も始まった。全国的に店舗を展開する大手流通企業の依頼で、同社が取り扱うオリジナル商品を提案するという仕事だ。全社員が分かれて7~8人のチームを5つ作り、競って生活雑貨やアミューズメントグッズなどのあらゆる分野の商品を企画し、全部で50ほどの案を出した。その企業に企画提案したところ大絶賛された。現在、数点にまで絞り込まれ、具体的な商品開発が進んでいる。

「今回はある程度、予算をいただいて開発しましたが、今後は売れたら売れただけロイヤリティが入るビジネスモデルにしようという話も出ています。いずれは、自分たちでもオリジナル商品を作れるようにしたいですね」と、寺嶋社長は事業構想を語る。

「パンスールのオリジナル・グッズを作ることが夢」だと話す。実際に企画・制作の全工程をすべて自社のクリエイターによる『絵本づくり』が進んでいて、クリエイターたちは夢中で取り組んでいるという。しかし、意外にも時間がかかり、寺嶋社長は途中で投げ出したくもなったと話すが、熱中する社員の姿を見て、やってよかったと思えたと振り返る。

クライアントは、個人事業主から中小企業、大企業まで。仕事は、名刺のデザインからＷｅｂ制作、大掛かりなイベント制作まで。営業やクリエイターたちの情熱と培ったノウハウで、今もあらゆる業種からくる様々な仕事を、彼らが得意の熱量をも注ぎ捌いているのがパンスールの現在進行形の姿だ。

華やかで競争が激しく、技術やディバイスが日進月歩と変化の激しい業界だが、人の思いを深く理解し、人と人との〝縁〟を大切にし、クリエイターの力を存分に発揮してもらって仕事を成し遂げる。この極めて基本的な取り組み方が、パンスールのユニークな組織体を形づくり、大きな強みにもなっている。

トレンドが変わり、メディアが移り変わっていっても、会社経営にとって、そして人にとって大切なことは変わらないという。１００億円規模の企業になり、広告制作分野において「大阪でナンバー1」になるのが当面の目標と、寺嶋社長は明確に自社の近未来像を締めくくりの話として明かしてくれた。

ゆったりとして、景観のよい
オフィススペースが彼らの拠点だ。
この場から、様々なアイディアや手法を
駆使した作品群が生み出され
種々のメディアを通じて
世の中に発信されていく。

社名	株式会社パンスール Penseur Inc.
本社所在地	〒542-0081 大阪市中央区南船場3-7-27 NLC心斎橋6F Tel ：06-6210-1728 Fax ：06-6210-1729 URL ：https://www.penseur.co.jp
代表者	代表取締役　寺嶋 正浩
設立	2008年4月16日
資本金	1,000万円（2019年3月現在）
事業内容	広告代理業、広告・PR等での 各種メディア制作、マーケティング 及びイベント企画・制作・運営、 グラフィック・WEB・ 映像コンテンツの企画・制作他

株式会社プラスバイプラス

現在の日本列島のインフラを造り上げた建設業界にあって、日夜、現場で働く数多くの技師や職人たちを縁の下で支えるソフトウエアとそのサポートを提供する業界の発展には、目覚しいものがある……。

「人と人の対話」から生まれるサービスこそが、最善のイノベーションを達成する。

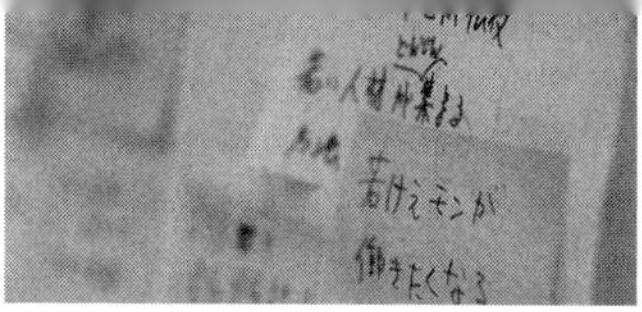

現場の声に即応したサービスを提供し
共に働く人たちの満足と幸せを創りだす

E S S E N T I A L　I N N O V A T O R

建設業界、その中でも大多数を占める中小零細の電気工事や
水道工事に従事する「現場で実働する」技師や職人たちの
日常業務である図面作製などの煩雑な作業を、簡便な操作性を
実現したCADや周辺ソフトなどを通じて提供していく……。
その手厚いアフターフォローや様々なサービスは、営業やコンサル
インストラクターなどの社員が、自ら顧客を観察し、聴きとりを行い
創意工夫して生み出したサポート体制で支えられている。
共に働く人たちの満足と幸せの輪は「プラスの連鎖」から創られる。

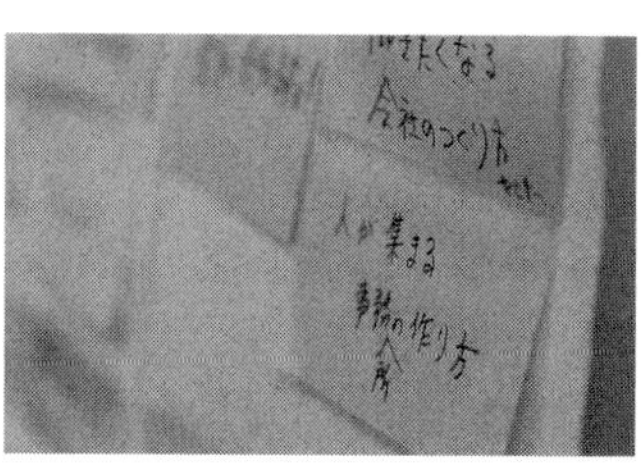

働いてよかったと思える会社を創り上げる

業界や世の中の停滞感をそのまま受け入れていくような会社でいいのか、それとも常に新たなことにチャレンジをしていくのか……。

人がどのように変化し成長をしていくのか。それを知りたい、ずっと視《み》続けていきたいと思っています。時には突拍子もないことを言ったり、理由《わけ》のわからないことを始めるようにも思われがちですが、そのことで何らかの変化や挑戦を自らも起こして欲しい。

メンバー《役員や社員》のモチベーションが変わり、現在《いま》も未来《これから》もプラスバイプラスで働いてよかったと心の底から思える。そのために自分に何ができるのか、いつもそのことを考え、行動しています。

株式会社プラスバイプラス　代表取締役社長

Top Message ―― murota shigeki 室田 茂樹

中小零細の電気工事、水道工事事業者が簡便に使いこなせる〝CAD〟を手厚いサポート体制と共に提供する。

建設業では必須の〝製図ソフトCAD〟の難解で煩雑な操作性を電気工事や水道工事の技師や職人たちの現場の声を、随時、拾い上げ即座に対応するソフトウエアと独自のサービス体制で、圧倒的な人気を博す。

「かつてCADは、技術者が作った、技術者のための、難解なソフトウエアでした。そのような製品ではなく、現場のことを熟知している人たちが作ったCADを、現場で仕事をしている職人さんや事務員さんに提供して使って欲しい。たとえコンピュータを使うことが苦手な人であっても、簡単に使えるものを目指しました」。

大阪市梅田に本社を置くプラスバイプラスは、建設業界ではお馴染みのCAD（設計図面を描くコンピュータの自動製図ソフトウエア）の中でも、電気工事と水道工事の作図に特化したCADの開発・販売、サポートをする会社だ。

現場の業務特性に沿ったCADとして製品そのものを使い易くしたことはもちろんだが、コンピュータが苦手な人でも使いこなせるよう、きめ細やかなサポート体制を整えているところが同社の大きな特徴だ。室田茂樹社長は、その理由を「『彼らならきっと面倒をみてくれるはず…』。そんなお客様からの期待に応えたかった」と話す。

『ｐｌｕｓ ＣＡＤ 電気α』は、電気工事の配線図面を描くＣＡＤだ。手書きで描けば手間も時間もかかる図面作製を、コンピュータを用いることで大幅な効率化を果たす。それだけならば通常のＣＡＤとさほど変わらないようにも思えるが、家の壁、柱、階段など、間取りはマウス１つで簡単に描け、照明やスイッチ、コンセント、電線類など電気工事に必要な電設材料を「電気シンボル」として約5万点を収録しているため、それらを選んで配置するだけで簡単に配線図を描くことができる。

電設材料の単価もデータベースとして備えており、図面に描いていけば自動的に集計してくれる。その結果、材料諸経費計算が簡単にでき、取引先に提出する見積書や請求書も仕上げてくれる機能をもつ。その他にも全国の電力会社申請書フォームも備えており、申請書類の作成も簡単にできる。

このように修正もたやすく、図面上のシンボルをクリックすれば、それに連動して見積書や請求書も修正されるところが一つの大きな特徴だ。

『ｐｌｕｓ ＣＡＤ 機械α』も同様だ。配管や継手など上下水道工事のための設備や資材・材料が、豊富なシンボルとして備わっているため、マウスでこれらシンボルを配置していくだけで配管図面を描くことができる。描いた設備や資材・材料を集計して簡単に見積書を作成できるところは『ｐｌｕｓ ＣＡＤ 電気α』と同様だ。

水道工事のためにはもう一つ『ｐｌｕｓ ＣＡＤ 水道Ｖ』がある。全国47都道府県の市町村の申請書類が用意されており、図面作製の際に市区町村を指定すれば、給水事前協議申請書をはじめ工事計画書など幾つもの申請書類を、また自治体ごとに微妙に異なる書式に合わせて作ってくれる。間取図を作れば、自動的に立面図（アイソメ図）や断面図、配管図面なども作製される。

『ｐｌｕｓ ＣＡＤ 電気α』や『ｐｌｕｓ ＣＡＤ 機械α』の原価計算に加え、『ｐｌｕｓ ＣＡＤ 水道Ｖ』には工事の日報作成機能も備えているため、図面作製を効率化するだけでなく、案件ごとの損益や労務費などの計算もでき、業務全体の生産性向上に寄与するソフトウエアともなっている。

「電気も水道も工事に携わる現場の作業者の方は、朝早くから夜遅くまで現場にいて、帰ってきてから図面の作製に取りかかる方がほとんどです。また、パソコンに馴染みのない方も多い。一般的にCADは豊富な機能を盛り込み過ぎて、むしろ難解で使い難くなっていることが多いのですが、弊社の製品は、とにかく誰でも簡単に扱えることを目指しました」と、室田社長は説明してくれた。

高機能よりも使い勝手 まちの電気屋さん 水道屋さんのために

これら3つのソフトウエアに共通するもう一つの大きな特徴が、手厚いサポート体制・陣容を敷いていることだ。

大阪駅を眼下に見下ろすビルの18階。整然とした本社室内は、常時、スタッフの活気に満ち溢れている。

ＣＡＤ導入直後から、プラスバイプラスが行っているのがインストラクターによる訪問サポートだ。実際の図面などを手元に置きながら、基本的な図面や見積書を作るところまでを指導する。

お客様が使い始めてからは、同社の「ヘルプデスク」が電話でサポートをしていく。月曜から金曜の9時から18時まで、全国どこからでもフリーダイヤルで直接「ヘルプデスク」のスタッフと会話しながら相談することが可能だ。

また、ネットを利用した「遠隔サポート」もある。インストラクターがお客様のパソコン画面を見ながら説明し、操作作業をヘルプするので、電話だけでは伝わり難いところを丁寧にサポートし、ユーザー自身も操作手順を覚え易いのが魅力の一つだ。

これらはすべて無料のサポートだが、夜間や土曜日もサポートを受けられる有料オプションサービス『もっと!ｐｌｕｓサポート（ＭＰＳ）』もある。月曜から土曜までの8時から22時までの間、いつでも電話や遠隔サポートでの相談が可能だ。

実際に、これら3つの製品と懇切丁寧なサポートは非常に好評だ。

一つの図面を描くのに深夜、朝方までかかっていた作図作業が大幅に時間短縮された。それまで毎晩2～3時間、3、4日をかけて作っていたものが30分でできるようになったという。

かつては手書きで図面を描き、フリーＣＡＤソフトなどを使っていたが、電気や水道のシンボルなどは自分で作って入れ込まなければならず時間も手間もかかっていた。それらが改善され大幅な時間短縮が可能

“Happy Together”。このぶれない目的の先には常に「お客様に対して何ができるのか。何を提供できるのか」を自問自答する姿勢が貫かれている。

になった。作業者の技量にもよるが、図面作製の時間が半分や3分の1になったという声は多い。

見積書を連動して作成することができる仕組みも評価は高い。かつてお客様は描いた図面から材料を一つひとつ拾い出して、各メーカーのカタログと見比べながら計算し、エクセルに入力し直して算出していた。それが解消されたことで、半日掛かりの見積り作業が2時間でできるようにもなった、6日かけていた見積りが2日でできるようになったなど、大幅な時間短縮を喜ぶ声は数多く寄せられている。

時間的な余裕ができてミスが減った。仕事を前倒しでできるようになった。空いた時間で他の仕事を次々と取れるようになったという声と共に、さらに新たに免許を取って業容を広げた。従業員と車両を増やして仕事量を増やすことができた、その結果、売上が2倍になった、3倍になった。工事が年6棟から30棟（5倍）に増やすことができたなどソフトの導入が売上や利益に直結している様子が窺《うかが》える。

訪問サポートにより操作をすぐに覚えられた。わからなくなった時にはすぐに訊ける電話サポートが親切だという声はもちろん、丁寧で親身な説明で「わかるまで」教えてくれる。質問の意味を理解してくれさらに一歩先のことまで教えてくれるなど、使い勝手に配慮したサポートに感謝する声はもちろんのこと、何もない時もヘルプデスクの方から「いかがですか？」と電話をかけてくれるなど、常にお客様目線のサービス提供をする同社の姿勢を認める声は数多く、人気の秘密がここにあることは明白だ。

お客様たちは、〝業務の効率化〟という実利的な面を喜んでいることはもちろんだが、目配りの効いたサポート体制により、同社製品をもっと使いたいというモチベーションも引き出されているのだ。

会社の常識はお客様にとっては非常識〝反面教師〟から生まれた販売姿勢

パソコンを使うことが得意でない人たちを対象に、難しいＣＡＤの操作性を現実の仕事に沿ったものへと改善し、しかも、きめ細やかなサポートと共に提供する。これまで空白だったニッチなマーケットを切り拓いてきたのがプラスバイプラスだが、なぜそこに着目したのか。室田社長は「前職の反面教師」と説明する。

1997年、大学生活を経て室田社長が就職したのが、自社開発のCADソフトを販売する会社だった。建築業の中でも、第一線で工事に携わる電気設備や水道工事の中小零細企業の人たちを対象にしたところは現在のプラスバイプラスと同じだが、顧客に対する姿勢は大きく異なっていたという。

「お客様の方を向いていなかった。自分たちが開発し易い製品、売り易そうな製品を販売しているだけだったのです。販売後のサポートもありませんでした。まったくないというわけではありませんが、心からしようとはしなかった。売ったら売りっぱなしだったんです」と、室田社長は振り返る。

社内では売上実績のみが重視され、顧客の満足度は二の次にされた。サポート体制が不十分なためソフトを導入しても顧客はうまく使うことができず、絶えず不満の声が上がっていた。「我々の常識は、お客様にとっての非常識でした」。

もっとも当時、多くの企業にとってソフトウエアの高機能化が課題であり、お客様に使い方を丁寧に教えたり、サポート体制を手厚くしたりということは後回しにされがちだった。CADに限らず、ソフトウエア業界全体がそのような傾向にあった時代だった。

だが、室田社長をはじめ何人かの社員は、それでは事業は続かないと感じていた。売る側の都合だけで売っても、顧客はいつまで経ってもCADを使いこなすことはできず、業務が効率化するどころか無駄なお金ばかりを使わせてしまう。いずれはそっぽを向かれるだろう……。

2000年7月、ついに会社から4人が離脱して、新会社を起業することにした。それが今のプラスバイプラスだ。4人の中の1人が室田社長だった。

初代社長には円山広行氏（現・株式会社セブンティーン社長）が就任し、〝ニッチ・ファブレス・直販〟の3つの方針を掲げた。CADはすでにゼネコンや建築設計事務所などで採り入れられていたが、プラスバイプラスは、業界の中でも現場で工事に携わる人たちを対象に（〝ニッチ〟）、製造設備を所有することなく（〝ファブレス〟）、営業主体の会社として専用のＣＡＤソフトを〝直販〟していく。これが新たな会社の事業方針だった。

当時、室田社長らは、工事に携わる人たち自身で開発したＣＡＤが存在することを知っていた。前職で営業をしていた時、ある地域に限って絶対に入り込めない空白地域があったのだ。マウスで簡単に図面を描くことができ、連動して見積書を作れる機能を備えていたそのソフトは、電気工事に携わる人たち自身が独自に開発をしていたことから、工事関係者の課題や期待にまで手が届く製品だった。

その会社へ出向いてＯＥＭでの販売を提案し、同じように水道工事事業者のためのＣＡＤも現場の仕事に則したものを探し出して、やはりＯＥＭでの販売を実現した。こうして揃えたのが今の『ｐｌｕｓＣＡＤ』シリーズだ。いずれのＣＡＤ製品も高機能を追求した

お客様と真摯に向き合い、それぞれの課題解決に即応できる企業文化を醸成しつづける。

難しいソフトではなく、実際に電気工事や水道工事に携わる人たちの使い勝手を重視し、現場で求められていた機能を搭載したソフトウエアだった。

製品販売と併せてサポート体制を整備することも欠かせなかった。営業マン2人に対してインストラクター1人を配置し、売り手優位の体制を改め買い手のためのサポート体制を整えていった。

それでも最初の1年間は販売で苦労したという。直販の方針で社員が各地域を回ったものの社員数が10人そこそこでは限界があった。そこで販売方法を改善し、電気工事や水道工事のための資材を提供する各地の卸業者に代理店になってもらうと、販売数を一気に増加させることができた。月10社のペースで顧客が増え始めたのだった。

2008年12月、円山社長は会社を東証JASDAQ上場企業の株式会社ビーイングに売却して自らは引退。親会社からきた新社長のもとで3年を過ごした後、2011年に社長に就任したのが現在の室田氏だ。それ以来、会社は大きく変貌し発展を遂げていくという道程を歩むこととなる。

社長の交代で新風を次々と吹き込み自問自答を繰り返して変化に挑む

「変わらなければ、勝ち残れない。常に変化・成長していかなければならない。そう考えていました。ですから社長になって、新しい試みを次々と試していきました。それが会社を守ること、みんなを護るためだと信じていたからです」と、室田社長は話す。

企業理念や行動指針を守りつつ、組織のあり方や事業プランは、時代の変化に合わせて、むしろどんどん変えていくべきだと考えた。2011年、室田社長は就任するとすぐに社内改革に乗り出し、外部からのコンサルティングを導入した。そこで、まず変えたのが会議のあり方だった。

会議を経営そのものと捉えて、その中で社員一人ひとりに高い目標を設定し、それに対する責任まで明確化していく手法だ。従来ならばとても成し得なかったような成果を生み出せるはずだった。また、もう一つ人事評価の方法も外部から導入した。成果を上げる人の行動特性を元に社員が目標を定め、四半期ごとに上司と面談しながら明確な基準で人事評価する。本人にも上司にも納得度の高いものになるはずだった……。

会社のため社員のためと思って導入したが、役員たちは理解してくれたが、一般の社員たちにとっては、外部コンサルタントに社内をかき回されたように映ったのだろう。期待したような成果はなく、むしろ社内は混乱し、実際に退職者も出たという。

本当によかったのか？　自分は間違っていたのだろうか。室田社長は自問自答を繰り返し、機会あるごとに社員たちに直接話しかけた。支店を回り社員を食事に誘い出しては対話を続けた。

すると評価制度について社員の本音が見えてきた。

「目標設定に時間がかかり、評価基準もしんどいと言われました。最初に訊いたときは、新しい制度を入れてからまだ1年しか経っていなかったので、もうちょっと我慢してくれと待ってもらいましたが、1年後に訊いても感想は同じだった。そこで『ごめん、そろそろ違うものにするわ』と話して結局、独自の新しい評価制度に入れ替えることにしました」

これで社内の問題がすべて解決したわけではなく、その後も数年にわたり苦しい時期を過ごしたという。だが、その間も室田社長は社員との直接対話を欠かさないようにした。

「何がうまくいっていて、何がうまくいかないのか？　その時、どんな感情をもっているのか？　仕事の満足度はどうなのか？　これからどんなことをして

社内報のタイトルにも表れる社員同士の共感や仲間意識に同社の最大の強みと特質が如実に表現されている。

いきたいのか？　そして何より、働いて楽しいかどうか？　そんなことを訊いていきました」と、室田社長は苦行の中に身を置いた時期を振り返る。

一度の対話で本音が訊けるわけではないが、少なくとも社員が仕事を楽しいと思っているかどうかは感じ取れたという。そして楽しくないと思っているならば、実直に「謝りました、ごめんって。そして何がよくないのか、詳しく教えてくれと訊きました」と、真摯に室田社長は当時のことを話してくれた。

新しいことを次々と採り入れながらも社員の声に耳を傾け、これで本当によかったのかと自問自答をする室田社長の姿勢そのものが、社内に新しい英気を送り込んだ結果となった。すると社員から多くの意見が上がるようになっていったという。

一例として、現在、新しく入社した社員のために大阪の本社でＣＡＤの使い方の集中研修を行っているが、これは社員の声で実現させた制度だ。インストラクターとして顧客を回る社員が、もっとお客様に満足して欲しい、そのために自社製品を完璧に使いこなす技量を身に付けたいと言い出したことが、この制度ができたきっかけだった。

また、製品の機能面についても社員の声で改良を続けている。たとえば『ｐｌｕｓ CAD 水道 V』では水道の流量計算や、屋外給排水の見積り機能を加えた。平面図から立面図を自動作製できるようにもしたが、いずれも営業やインストラクターの社員が顧客から聞いてきた現場からの要望だった。こうして各製品のバージョンアップには今でも必ず反映させている。

サポート体制も社員の声でよりきめ細やかなものになっていった。『もっと！ｐｌｕｓサポート（ＭＰＳ）』制度は、顧客が夜間や土曜でも問い合わせできればという声を、営業やインストラクターなどの社員が拾い上げた結果、新たに生まれたサポート制度だ。

社員同士の繋がりが深くなると
サポート体制はより充実していく

この1年ほどの間で、お客様からの電話相談を受け

3ヵ月に一度、全社員による企業理念の確認会議

室田社長の就任当初から続けているのが「企業理念の確認会議」。現在、同社では、大阪本社の他に北海道札幌から九州福岡まで7つの支店で凡《おおよ》そ計90人の社員が働くが、全員が3ヵ月に一度、大阪本社に集結する。

といっても決して堅苦しいものではなく、各支店での異動の報告や成績優秀者の表彰など、日頃顔を合わせることの少ない支店の社員同士が知り合い、語り合うような企画を実施して、同時に企業理念の『感謝・感恩・報恩』、行動指針の『前向行動、誠実素直、勉強熱心』をいかに業務に反映させていくのか、を社員同士で考える場を提供する。

「グループワークでの議論もしますが、決して押し付けるようなことはしません。例えば過去に実施した一例ですが、行動指針の一つである『勉強熱心』を推奨してダンボールいっぱいの書籍を事前に準備して、社員みんなに示したこともありました。読む気があれば持ち帰って読書するという形式のもので、あくまでも読む読まないは本人の自由でした」と、川中優取締役が語るように、いたって開放的な施策だったという。

このような施策から生まれるスタッフ同士の一体感が、社内の風通しをよくし、相互の信頼感や安心感を生み出しているのは間違いない。

付ける〝ヘルプデスク〟も大きく変わったという。

「1年前までは、お客様の要望に応え切れないことやその要望を伝える〝場〟がないことが重なって彼らのストレスになっていたようです。しかし今はマネージャーが配置されたことでより安心感が生まれたのでしょう。問題が生じれば、それを組織的にどう解決していくのか。〝セクションの壁〟にそれを貼り出して取り組んでいます」。

こう語るのは、創業時から室田社長と共にプラスバイプラスの運営に携わってきた経営管理部業務マネージャーの谷和美さんだ。

かつては不満が溜まり退職した社員も少なくなかった。だがこの1年、お客様からの要望や苦情を組織的に取り上げる仕組みができたことで、雰囲気は大きく変わったという。これも社内の風通しのよさゆえと思われるが、室田社長は「社員同士の繋がりが深くなった」ことも大きな理由だと話す。

「2、3年前までは、ヘルプデスクで問題があることはみんな知っていましたが、何もできませんでした。

しかし今は、『私に何かできませんか』とか、『僕がそこをやります』という声が聞こえるようになりました。プラスバイプラスでは、時間が経てば経つほど社員同士の繋がりが深くなっていきます。お互いを知ろうとする、お互いを理解しようという気持ちが深くなっているのです」という。

これは〝企業理念〟の浸透にも深く関係しているようだ。現在、プラスバイプラスでは、3ヵ月に一度、全社員を大阪の本社に集めて、企業理念の確認会議を開いている。どのような行為が『感謝・感恩・報恩』（現在の企業理念）になるのか。『前向行動、誠実素直、勉強熱心』（行動指針）に準ずるために、普段の仕事で何をすればいいのか。社員たち自身がグループを作り、ワークショップ形式で議論を重ねていくのだ。

室田社長は、「私が唯一絶対的に自信があることは〝護る〟ということです。この会社とメンバー（社員）、そして、その家族に責任をもっているという自信がある。そのために事業についてはもちろん、人に対しても常に真剣に接しています」と話す。

社内には、各社員の意見を受け止める空気があり、しかも、お互いに信頼し合っている安心感ゆえに、社員は良い情報も悪い情報もすべてをオープンにして語り合うことができる。それが製品を改善させ、より手厚いサポート体制を実現させてきた。従来のサポート体制への疑問、企業理念や行動指針の浸透、社内の相互信頼感の醸成など、背景はいくつか考えられるが元を辿れば、室田社長の自問自答する「常に新しいも

「ヘルプデスク」の評判の良さを支えているのは、社員から寄せられたお客様のナマ声だ。

のを採り入れ、間違っていると思えば即座に頭を下げ、改善策を打ち出す」という姿勢が、社内にオープンな空気やモチベーションを生み出す第一歩へとなっていったことは想像に難くない。

プラスバイプラスでは、今後、事業の柱を4本にしていく方針だ。1つ目はこれまでのCADを販売する事業。これまで以上のサポート体制を整備しより使い易い製品とサービスを実現させていく。2つ目が管理ソフトウエア事業だ。工程管理や職人管理など建設業に特化した管理ソフトウエアをグループ企業で開発し販売していく。3つ目がホームページを制作するWeb事業。CADの使い手である建設業の中でも中小零

室田社長は学生時代 イベントサークルのリーダー

室田社長は大学時代、"イベントサークル"のトップを務め1千人規模のイベントを開いたこともあったという。

「最初に（サークル室に）連れて行った時から、ものの1分もしないうちにその場を仕切っていました（笑）」と、室田社長に初めてサークルを紹介した時のことを証言してくれたのは、当時、同級生だった経営管理部アートディレクターの織本徳次さんだ。

物怖じしない性格が認められ、室田社長は2回生の時に"新歓ダンスパーティ"を主催することに。15人ほどのサークル員と共に地域の女子大学を回って約600人の会員を集め、当日はその友人も含めて1千人規模のパーティを成功させた。

サークル員が目標をもって会員を集める仕組みは以前からもあったが、自らが率先して女子大学を回り、その成果を面白おかしく吹聴することで競争意識を刺激しながら楽しんで取り組んだことが"成功の要因"だったと振り返る。

室田社長は当時から「誰にでも分け隔てなく接する」ことをモットーとし、また小学生の頃から警察署で剣道を習っていたこともあり、「ヒエラルキーの使い方には勘が働いた」と話す。現在の会社経営に通じるものを見出すことができる逸話だが、実際、「俺はいつか社長になる！」との口癖は、大学時代からの持論だったそうだ。

最後列のセンターが若き日の室田社長

細企業を対象にホームページ制作を請け負う。集客に繋げるWebに関するコンサルティングも併せて行う。そして4つ目がコーチング事業。社内での〝会議体〟を改善して経営の向上に直結させてきた経験から、これもまた建設業の中小零細企業を対象にしたコーチングを主眼とする経営コンサルティングを行っていく。

社員自身の自主性を重んじ、心から仕事を楽しみ大きな満足感を感じることで「プラスの連鎖」は無限に繋がっていく……。

「売上数億、従業員数名の中小零細企業であっても、これからもっと実績を伸ばしていきたいという会社はたくさんある。しかし、そこでは職人さんが集められなくて困っていたり、集めた職人さんの給与をどう決めればいいのか、またどう指導していけばいいのか、その解決策がわからずに困っているという話はたくさん聞く。それをコーチングによってサポートしていきます」と、室田社長は話す。

「建設業界の中でも第一線で活動している中小零細企業に貢献したい。業界を根底から支えていきたい。前職から数えると私は25年以上、この業界にお世話になっています。皆さんにもっと潤って欲しい。そのために当社は何ができるのか。これまで行ってきたCADパッケージソフトの販売だけでなく、設備業界の〝総合支援企業〟になっていきます」と、室田社長は積年の夢に向けた抱負を話す。

そして最後に、これからも「心のある営業会社」であり続けたいと、室田社長は締めくくった。

社名自体が企業理念を表す。
「相手は自分を映す鏡である」を
自らが実行してみせることを
室田社長は常に厭わない。
この豪放磊落な姿勢の対極にある
「緻密さと繊細さ」を垣間見せる瞬間がある。
“スチル”に潜んだ室田社長を
支えるスタッフのもつエネルギー値は
極めて高い。

社名	株式会社プラスバイプラス plus x plus Co., Ltd.
本社所在地	〒530-0001 大阪府大阪市北区梅田 2丁目2-22　ハービスENT 18F Tel　：06-6451-8000 Fax　：06-6451-8018 URL ：https://www.pluscad.jp
代表者	代表取締役社長　室田 茂樹
設立	2000年7月
資本金	1,000万円（2018年7月現在）
事業内容	ソフトウエア販売・サポート・開発 ホームページ制作 コンサルティング

牧野電設株式会社

牧野電設が電気設備工事の設計・施工を手掛けた
都内高級マンションの屋上からのランドスケープ。
薄暮に明かりが灯ると、建物は電気という「生命」が吹き込まれ
安らぎに満ちた表情を現わし始める……。

夜景をリデザインしていくことで
世の中をも明るくする「人財」を育てる

E S S E N T I A L　I N N O V A T O R

創業40周年を迎えた現在
第2次創業期と位置づけた新たな挑戦が始まっている。
電気設備工事を事業とする極めて専門性の高い業種において
文系・女性など異分野人材の登用から始まった改革は
従業員の意識と働き方を大きく変貌させてきた。
これらの改革は、業界を明るく灯す道標ともなり始めているという。
この会社が放つ“エネルギーと熱気”の源泉を追った……。

誰もが輝ける職場を創る
マキノの挑戦

かつては、仕事を取ってくれば利益になりました。しかし今では、その仕事を誰がどのようにして成果として残していくのか……。そのために、まずは人財を集められることが「会社の価値」となりました。

人財が集まる会社になること。そして、自分たちがこれまで「当たり前」としてきたことを見直すこと。固定観念を捨てて仕事を他人《ひと》に任せて作業を分散化したり、専門知識を持たない人を教育し即戦力に育てていく。それができる組織は会社が強くなっていく。

たとえ弊社のように平均年齢が若くても、10年先20年先には、お客様にとって何よりの価値となっていくはずだと思っています。

牧野電設株式会社　代表取締役

Top Message　makino takeru **牧野 長**

夜景を変え世の中すべてを明るくしたい。

電気設備工事の設計・施工を事業とする牧野電設。コーポレート・スローガンは、『夜景を変える』だがそれだけに留まらず、制度や企業風土、業界の常識そして世の中をも明るく変革しようとしている……。

建物が本来の機能を発揮するためになくてはならないのが電気設備だ。その設計・施工や配線工事を受け持つのが牧野電設だ。

まだコンクリートがむき出しの建設中マンションの部屋で、電気工事士が各部屋の天井や壁に配線を施す。壁ができ、天井が貼られた後は、照明器具を取り付けたりコンセントを設置したり、未来の住人が安心して電気を使えるように設備環境を整える。エントランスや廊下などの共有部分の電気工事、また上水を送り届けるためのポンプや排気装置の設置・配線も大切な仕事のひとつだ。

経験を積んだ同社の現場代理人は建設現場に常駐し、電気工事士に工事の指示を出したり、必要な資材を手配したり、建物が完成するまでの間、すべての工事がスケジュール通りに進むように取り計らう。

コーポレート・スローガンは〝夜景を変える〟。辺りが真っ暗になった後、マンションやホテル、工場や倉庫にあかりが灯れば、その建物は昼間とはまったく違う姿を見せる。同社の仕事とその成果をわかりやすく表現したものだが、ただそれだけではない……。

「我々の仕事は目の前の風景を変え、世の中の姿も変えていく。そんな誇りをもって仕事をしよう。そんな決意を表しています」。自らの想いをこう語るのが、牧野長《たける》社長だ。

建設現場といえば泥臭く、体力がものを言う〝男の職場〟というイメージが強い。年功序列の保守的な企業体質を想像させもする。現実に業界の多くの会社は〝男社会〟そのものだ。だが、同社はまったく逆の先進的、かつ合理的な方法で業績と企業実績の双方を伸ばし続けている。

例えば、女性を積極的に採用してきたことがそのひとつだ。業界一般では、建設技術を学んだ男性を採用したがる傾向が強いが、牧野電設では文系の、特に女性の採用に力を入れてきた。その結果、現在では社員40人中、女性は半数以上の21人にのぼっている。しかもシングルマザーも6人いる。

専門知識を持たなくとも、短期間で仕事をこなせるような独自の教育システムを備える。通常は半年以上かかる電気工事関係の資格取得を数ヵ月で実現させてしまう仕組みをつくり上げている。

また仕事の「質の高さ」でも定評がある。全国で電気工事業者が約2万社ある中、牧野電設は国土交通省からAランクという最高評価を得ている。大手企業調査会社によれば、同社は電気工事業において上位0.9％しかない超優良企業にランク付けされている。社員40人の会社がなぜここまでできるのか……。

自分がかつて抱き続けてきた疑問それがすべての始まりだった

牧野社長は「自分自身が以前から持っていた疑問や不満がすべての始まりです」と説明する。

牧野社長が同社で働き始めたのは2002年のことだ。22歳のとき、いきなり建設現場で施工管理職を務めた。現場代理人、現場監督とも呼ばれる仕事で、建設現場に常駐して工事が滞りなく進むように管理をする。電気工事士などの職人を手配したり、資材の調達を行ったり、工事全体の進捗スケジュールを把握しつつ、職人たちとうまくコミュニケーションをとりながら、計画通りに工事を進めていく仕事だ。

現場をよく理解していなければ難しく、通常ならば経験を積んだ社員が就く仕事だが、入社1年目に突然、「お前がやれ！」と命じられた。

「いきなり重責のある仕事をしろと押し付けられ、できなければ、『なんでできないんだ！』と怒られる。教育という概念はまったくありませんでした。上長に教えて欲しいと言ったところで、『会社は学校じゃないんだ！』と言い捨てられるだけでした」。

仕事はベテランの背中を見て覚えろ。技は盗め。職人気質そのままの会社だった。言われた通りに先輩たちを見様見真似で仕事を覚えて、必要な知識は自分で専門書を購入して勉強した。必死で食らいついていくと、やがて仕事の全貌が見えるようになり、同時に、現場にはおかしなことが数多くあることにも気がつき始めた。

「工事が終わって、ある現場へ最後の引き渡しの手伝いに行ったときのことです。新品の照明器具や電線

“現場女子”に活躍の場を……。建設業界を大きく変えるマキノの“教育制度”。

など、まだ使えるものがトラックのコンテナ一杯に詰められて、今から捨てられようとしていました。『なぜ捨てるんだ？　まだ使えるものばかりだから会社に持って帰ればいいじゃないか』。そう言っても、『バカヤロー！　こんなもの会社に持って帰ったら専務になにを言われるかわからねえぞ』と怒鳴られるだけでした。せっかく購入した新品の器具や材料などを産業廃棄物としてわざわざお金を払って捨てていたんです」。

発注時の不手際で、余った製品の総額は数百万円にものぼった。そのくせ会社に戻れば、父親の社長はいつも「金がない」とこぼしていた。

無駄はほかにも多々あった。仕事もないのに皆、土日も出勤して「何をやっているかというと、パソコンでいわゆる暇つぶしゲームで遊んでいたんです。上司は『おっ、休みなのにご苦労だな』とねぎらい、それでみんな満足しているという有様でした」。

社内には矛盾が満ちていたが逆らえなかった。高い技術を持ち高利益をあげていた社員たちが職場を牛耳っていたからだ。だが、いつかはこの状況を変えなければ……、そう考え続けて9年が過ぎた。そして10年目、変革の機会がやってきた。牧野社長は人事部門に異動になり、新卒採用の担当になったのだ。採用で会社を変えられるかもしれない。打ち出したのが「文系、女性も歓迎」という方針だった。

建設業界では1990年代のバブル崩壊をピークに、市場規模はずっと縮小し続けていた。働く人間も減少を続け、どの会社にとっても人手不足は深刻だった。なんとか人を集めなければと牧野電設でも新卒採用に踏み切ったのだったが、無名の会社に新卒者が集まるはずもない。

そこで「文系でも構わない、女性も歓迎」という方針を打ち出したのだが、社内で猛反対にあった。「採るのなら技術系の男子、そうでなければ現場は務まらない」。それが当時の業界の常識だった。社内で喧々諤々《けんけんがくがく》の議論を続けていると、2011年3月に『東日本大震災』が起こり状況は一変した。大手企業がことごとく採用を控え、行き場を失った学生たちが中小企業に目を向け始めたのだ。特に「文系も女性も歓迎」と掲げた牧野電設に注目が集まり、その年の会社説明会にやってきた学生は90人にも及んだ。謳った通りに大半が文系、女性も3割にのぼった。

　嬉しい誤算だったが、牧野社長は面接で学生たちから意外な言葉を聞き、自分の判断が間違っていなかったことを確信する。その一つは学生たちはこうして就職活動をしているが、もともと入りたい会社や、行きたい業界があってその大学に入ったわけではないという既成事実だ。彼らは自分の得意科目を選んで受験した結果、いまの学部や学科に入学しただけだったという……。

　そしてもう一つが、これまではやりたいことがはっきりしていなかったが、『東日本大震災』でそれが変わった。地域の復興のためには住宅をはじめ、必要な建物を建設したり、維持していかなければならない。電気の供給をはじめ、ガス、水道など人々の暮らしを支えるライフラインやインフラは何より重要であると気づいた結果、自分もそういった関連の仕事をしたい

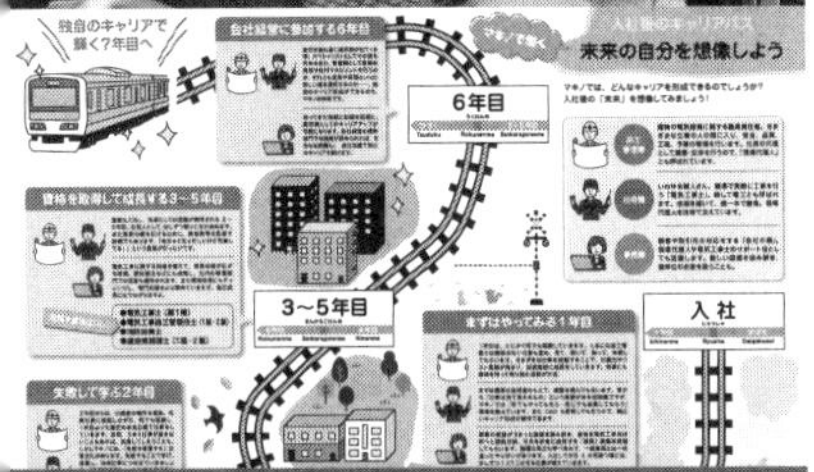

独自で作り上げた社内教育制度の導入や社員自らの企画・制作による「パンフレット」などモチベーションとコミュニケーションを高めるアイディアや施作が牧野電設の新たな企業文化を醸成する。

と考えるようになったという。

「同じような話を多くの学生たちから聞きました。しかし、せっかくやりたいことが見つかったのに、受け入れてくれる会社がないとも話していました」と牧野社長は当時のことを振り返る。

千載一遇のチャンスだった。業界は相変わらず理工科系の知識や技術を持つ男性を望んでいたが、現実は、ただ知識や技術を持っていても「やる気」がなければ結局は辞めていってしまう。事実、これまで牧野電設の離職率は非常に高かった。毎年数人が入って来ても、翌年には同じ数だけ辞めてしまっていたのだ。

それよりも、たとえ知識や技術はなくとも自分の理念や夢、やる気のある人間を採用した方がずっと仕事を続けてくれるに違いない。結局、その年５人を採用し、半数は文系で女性も２人いた。建設業界でも女性の採用は進んでいたが、それは大手企業に限られていたことだった。牧野電設の規模で女子学生を採用したことは、この建設業界の中では画期的なことだった。そして、それをきっかけとして会社はさらに大きく変わっていくことになる……。

女性を採用したことをきっかけに大きく動き出した企業風土と習慣

２０１１年９月、もうひとつ会社を大きく動かす出来事が起こった。父親が急逝し、突然、牧野社長が会社のトップに就くことになったのだ。

「社員の生活を守らなければならない」。まずその

「突然、社長になったとき、自分が面接・採用した新人５人についての責任と重圧を感じました」と牧野社長は当時を振り返り、そのときの心境を語ってくれた。

ことが頭の中を占めたが、中でも責任と重圧を感じたのが自分が人事部のときに直接、面接・採用した新人の5人だった。社長になったことで、これまでに自分がやりたかったことを一気に実現できるチャンスが来たのだと考えた。そして、まずは社内体制を変革することに着手した。

「就業規則もない職場でした」。それらを独力で作って、労務管理も始めた。それまでの何をするわけでもなく土日に出社してくるような企業風土や習慣をなくしたかった。仕事をきちんと行い、休むべきときは休む。人が集まったただの集団から、明確な成果を生みだす組織へと、トップとして会社を作り変えるための行動を開始した。

まず着手したことは、情報を集まるべきところに集め、知るべき人間に伝わるように指揮系統を整理統合した。それまでは現場が本社に情報を流すことなく勝手な判断をして動くことがあったからだ。このことを浸透、徹底させるには苦労した。そもそも「情報共有」という概念が社内にはなく、当初、皆は私

が何を言っているのかまったく理解できなかったという。

　そこで社員全員で文章の書き方を一から勉強することにした。「週報」を活用して、行った仕事の内容や課題、次週の計画などを文章にすることにした。誰もが記入し易いようにフォーマットを定め、それをもとに「記述していく訓練」を積んでいった。社内独自のSNSも導入し、そこでも伝えるべき人に情報をきちんと伝えられるように習慣づけた。

　文書作成の訓練は、社内教育制度の整備にも大いに役立った。牧野社長が最もやらなければならない改革だと思っていた分野だ。というのは、牧野社長が人事部で採用担当だったころ、学生たちから会社の教育制度について聞かれ、「入社後はとびっきりの社内教育制度を用意している」と大見得を切った経緯があったからだった。

「僕自身も、文系で何も知らないところから始め、現実にそこそこの大きな建物の現場監督までやってきました。その僕が言うんだから間違いない。みんながちゃんとできるように教えてあげるよ、と大風呂敷を広げたんです。ところがいざフタを開けてみると、用意できた研修用の資料は20ページだけだった。２日も研修をすると、後は何を教えていいのかわからなくなってしまったんです」。

　このように週報を作成する作業を通して、文書で記録を残したり、情報を共有したりすることが定着しつつあるのを見て、ベテランの社員が持つ技術や知恵

社員全員が必ず携帯する「経営計画書」。経営計画の他に仕事上で重要なデータや人財確保の大切さなどが明確に記載され経営理念・方針を全員でシェアしている。

も形にして残せると思い立ったのだ。先輩社員は後輩に指導した内容について文書で報告するようにして、出来上がってきた文章は、牧野社長自らがすぐに点検・修正し、欠落している部分などは改めて担当者に投げ返して、それぞれが付け加えるようにした。一方、新人5人には、「入社してみて大変だったこと」や「わからずに困ったこと」などを聞き取った。教える側と教えられる側の両方からの情報を付き合わせながら、どのような内容をどういう順序で教えていけば一番身に付くのか。整理していくと、300ページほどの新人研修用資料を作ることができた。

そして「本人たちが、一番やる気がみなぎっている4月から5月にかけて研修を行う」と発表した。

こうして独自の教育制度は目を見張る効果をあげるようになったのだが、それには社内の企業風土の改革も見逃せない要素だったという。

その施作として就業規則に加えたのが、「〝情報〟として発信された失敗談を会社・上長はプラス評価として取り扱い、叱責してはならない」という一文だった。失敗を叱るのではなく、むしろ評価する。また「失敗を前向きな情報として共有する。自身が情報の発信源であることに誇りを持ち〝自慢話〟として失敗談を情報発信しなくてはならない」との規定も加えて、社内で自らの失敗談を積極的に発信するようにも促した。

「失敗を怒っても、人はそれを隠そうとするだけです。失敗を隠さずむしろ公表していく。『失敗を隠さない』企業風土が浸透していけば、伝えるべきところに情報が届き、無駄や無理はなくなるでしょう。そうすることで安全で効率のよい仕事もできるようになっていきます」と、牧野社長は話す。

その結果として、こっそりと大量の電気設備を処分するようこともなくなるだろう、と……。

現在、牧野電設の入社後のキャリアパスは次のように説明されている。

1年目は『やってみる』期間。現場に飛び込み、電気工事、施工管理、何でも経験する。そして2年目が『失敗する』期間だ。先輩社員の監督下で小規模の物件を担当して、そこで実地の仕事に取り組む。失敗を恐れずむしろ歓迎する。3~5年目には腕をいっそう磨くために電気工事士（1・2種）、電気工事施工管理技師（1級・2級）、消防設備士、建設業経理士（1級・2級）などの必要な資格を取得する。

電気をまったく知らない人間が、短期間で実践的な能力を身に付け、従来の数分の1の期間で、必要な資格取得ができるようになるのは、充実した独自の教育制度に加え、この「失敗を認める」企業風土や文化が大きく影響していることは間違いない。

"シングルマザー"の正社員採用 管理部門も現場に出て経験を積む

牧野社長の改革策は続いていった。2017年に着手したのが「シングルマザーの採用」だ。業界内ではもちろんのこと、業界外のさまざまな企業からも注目を集めた。

「これも根っこは同じです。働きたい人に働いてもらうのが一番いい。では働きたくとも働くことができない人はどこにいるのか？　そう考えたとき、シングルマザーだと思い当たりました」。

当然、社内でも懸念する声が上がった。ただでさえ子どもの世話に時間を取られるのに、不規則で長時間労働の建設現場での仕事でやっていけるのか。

「確かにシングルマザーの代表的な就労時間は朝9

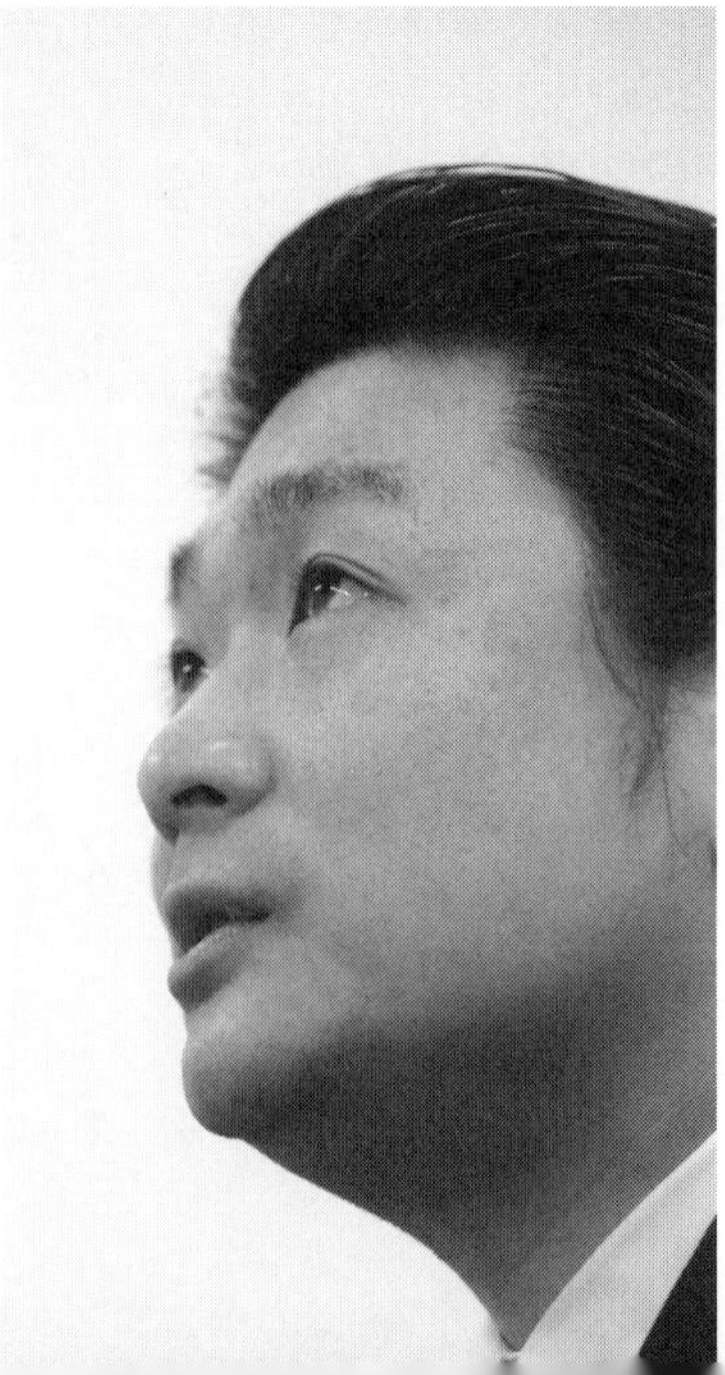

「てこの原理じゃありませんが、ひとつ動けばその何倍も世の中が動く。そんな仕事に携われればと思っています」。

時から夕方6時というのが基準となっていて、それは建設現場での働き方とはかけ離れています。というのは、現場では職人さんが午後5時までに仕事を終えた後、施工管理者は、その日の仕事を振り返って翌日以降の準備をしたり、進捗計画を見直したりと、はじめて自分自身の仕事に取り掛かれるからです。午後5時から7時が現場管理者の〝コアタイム〟とも言われているのです」。

牧野社長の趣味は
筋トレ、自転車、そして野宿！

解放感を求めて独りで黙々とペダルを踏む

「仕事では組織の中でいろいろとやっていますからね。許されるなら趣味は自分独りで……（笑）」。

高校時代は柔道部に所属。いまもジムでトレーニングを積み、ベンチプレスは110キロとプロのアスリート並みだ。

「最近読んだ本が『人生の99.9%の問題は筋トレで解決できる！』（主婦と生活社）。筋トレをすればテストステロンという男性ホルモンが分泌されて、やる気がみなぎり人生が前向きになる。鬱になったりもしない。心身ともに良い。ということが延々と面白おかしく書いてありました」。

同じ身体を動かすのでも団体スポーツよりも個人種目の方が性に合っているそうで、もうひとつの趣味が自転車だ。夏休みやゴールデンウィークなど長期休暇を利用してひたすら黙々とペダルをこぐ。自転車は電車で運んで日本全国を回っているという。

「長い時は1日に200キロぐらい走ります。朝5時から夜の5～6時ぐらいまで大体12～13時間。そして気に入った場所に寝袋を広げて寝る。それが好きで、そのために自転車に乗っているようなものです（笑）」。

寝転んで星空を眺める解放感がたまらない。孤独になれる時間が貴重なのだそうだ。

たとえ就労教育を行い、その能力を身に付けたとしても、シングルマザーに「物件をまるごと任せる施工管理者の仕事」は無理なように思えた。だが、「1人1物件」の思い込みを捨てれば、できる仕事はいくらでもある。

例えば、職人からの疑問や質問に答えて、その場で物事を処理したり、工事に必要な資材を確認したりする仕事がそうだ。また、作業したものが間違いなくできているのか図面と照らし合わせてチェックしたり、それを記録したり撮影したりする仕事も必要になる。いずれも施工責任者の仕事と考えられてはいたが、ほかの人間でもできる仕事である。

「老舗の寿司屋を回転寿司にする発想です。プロの板前は、魚の目利きも、さばくことも、シャリを炊いて寿司を握ることも、すべてを一人でできて一人前と認められます。でも、回転寿司店のように誰にでもできる仕事はほかの人に任せて、板前は最後の寿司を握る大事なところだけに集中してもらえればいい。全体のコストは下がるし、本人の仕事への熱意も高まるに違いないはずだ」と考えたと明かす。

複数で現場を回す。そうすれば、心身共に負担を減らすこともできる。このような分業化は他の部門にも導入した。たとえば積算の仕事もその一つだ。従来は、現場をよく知る技術系の社員が行っていたが、やはり教育制度を充実させて研修を行った結果、現在は事務職の女性が行っている。

また、管理部門の社員もCADを学び、図面を描く手伝いをすることにした。工事現場の検査作業にも管理部門の社員が向かうようにした。ヘルメットをかぶり、テスターを持って、図面通りに配線が施されているのかを検査するのだ。

以前までは派遣会社から人を出してもらっていたが、その度ごとに研修をするなど同じ手間を何度もかけていた。社員にやってもらえれば、一人ひとりがますます仕事内容を習熟していくことになる。事務職の社員が現場を嫌がるのではとも考えたが、意外にもみんな楽しそうに取り組んでくれた。夏は暑く、冬は寒い。現場の苦労も、誰もがみんな理解できるようになったという副産物まで付いてきた。

『人』を育てて世に送り出す会社の価値の源泉は『人財』

ある日、女性社員の一人が転職したいと相談に来た。改革に取り組み出して数年後の入社組の一人だ。もともと大手デベロッパーで都市開発を志望していたが、就職がかなわず牧野電設で働いていた。だが仕事をしているうちに自身の夢を思い出し、電気設備関係だけでなく、商業施設やマンションの企画全般に携わりたいと思うようになったという。牧野社長は快諾し、彼女に大手デベロッパーの試験を受けるように促すと、女性は見事、合格して転職していった。残念だったが、後悔はなかった。

「不思議と誇らしい気持ちになりました。社員が辞めることは確かに自社にとっては損失ですが、人を育てるノウハウは間違っていなかったと知った。だってウチのような小さな会社から大企業に転職できたんで

社員全員の声でユニフォームを一新

狙いは仕事に誇りをもてるように

女性の採用にも力を入れるようになった牧野電設では、オフィスをリフォームした。中でもトイレを上質な作りに変えるなど、職場環境の改善に努めてきた。そして2017年、1年がかりで作業ユニフォームを一新した。

「以前はグレーのよくある作業服で、電車に乗っていても空いている席に座ることもはばかられました。特別デザインにしただけでなく、機能面も社員の意見で改良しました」と牧野社長は語る。

生地にはスーパーストレッチ素材を使って運動性能を実現し、部分によって綿とポリエステルの混成比率を変えて、吸汗速乾機能と保温性を両立させた。また、ポケットは手帳やスマートフォンが入るように大き目にし、右利き左利きにかかわらず使いやすいように両肩にペン差しを付けた。

いずれも社員の意見で採り入れたもので、「自分の仕事に誇りをもてるように」、それが最大の狙いだった。

すから。この会社に入れば大手で通用するスキルを身に付けられるということが証明されたんですからね」。

彼女は6年間、牧野電設に貢献してくれた。これからはもっと業界全体で活躍することだろう。転職は損害ではない。牧野電設にとっても本人にとっても、そして業界にとっては大きな利益になるはずだ。「人財」を育てて世に送り出す。そこに牧野電設の価値があるのでは、と気がついた瞬間だった。

現在、牧野電設では、新しい「人事評価制度」が始まったところだという。従来通り、仕事の実績で評価することはもちろんのこと、自らが手を挙げて大きな仕事に取り組もうという意欲をも評価する。また役職と等級を連動させるのではなく、分けて評価するようにもした。技術職に集中することで成果を出しても、マネジメントスキルにより社員の能力を引き出しても、そのいずれも同等に評価していく。能力や目指す目標が違っていても、それぞれの得意分野で力を発揮して欲しい、という考えからの評価基準制度を作り上げようとしている。


もっとも現実の運用面では苦労しているようだ。

そこで「任期制」を採り入れた。部門長になっても3年を区切りに見直すと予め決めておくという。そうすれば思い切って「手を挙げる」人間も増えるはずだ。「任期制」は、就業規則や福利厚生など他の場面でも応用して、制度をどんどん新しく時代に合ったものに作り変えていくという。これによって実験的なことにも取り組み易くなるはずだ。フットワークは軽く、小回りを利かせて、中小企業の利点を存分に活かしていこうという改革主旨だ。

牧野社長は、「会社の利益の源泉は〝人〟だ」という。同時に「会社の価値の源泉も〝人〟」だという。

「人の力」と「やる気」を引き出すために、牧野電設は業界の常識にとらわれないユニークな改革をこれからも積み重ねていく。社内の仕事に限らず、広く業界全体、産業界の全域で、牧野電設だからこそできることを見つけていきたい。照明を灯して辺りを明るくするだけでなく、「世の中を明るくすること」も〝会社の使命〟だと牧野社長は考えている。

「建物に電気を通すことは
建物自体に命を吹込むこと」。
自社のエントランスにて
自らの仕事の奥義を語ってくれた。

社名	牧野電設株式会社 MAKINO DENSETSU CO., LTD.
本社所在地	〒178-0064 東京都練馬区南大泉 五丁目 38 番 10 号 Tel ：03-3923-5430（代表） Fax ：03-3923-8790 URL： https://www.makino-d.co.jp
代表者	代表取締役　牧野 長
設立	1978 年 7 月
資本金	4,000 万円 （2019 年 3 月末日現在）
事業内容	電気設備工事 設計・施工 保守管理

株式会社one

情報社会にあって、商品やサービスを告知する方法は多種多様に存在する。
しかし、実際にはどのような方法が最も効果的で、効率よく実績を押し上げる力をもつのか。
厳密なマーケティングリサーチと、それに基づく
コミュニケーションプランの実施策で独自メソッドを編み出し、確立する。

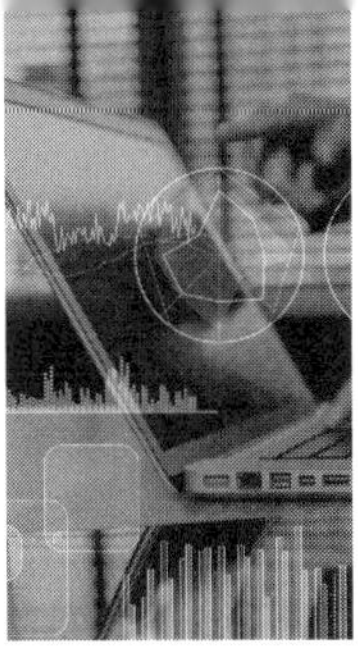

厳密なリサーチデータを基盤とした
新たなプロモーション・メソッドを創る

E S S E N T I A L　I N N O V A T O R

情報化時代を生きる私たちにとって、ある商品やサービスを
「自分が欲していたものだ」と気づかせてくれたり
「好ましいサービスだ」と思わせてくれる
“セールス・プロモーション”情報は、百花騒乱の時代を迎えている。
情報の発信者と受信者の想いと欲求が複雑に交錯する現代では
『選択の科学』こそが究極の鍵を握る。
厳密な市場調査データを基に人々の行動心理を知覚・分析して
この領域で成功を遂げているPR会社がある。
彼らに事業成功の秘策と究極の目的を問うと、その答えは
「世界一社員が幸せに生きられる会社」にある、という。

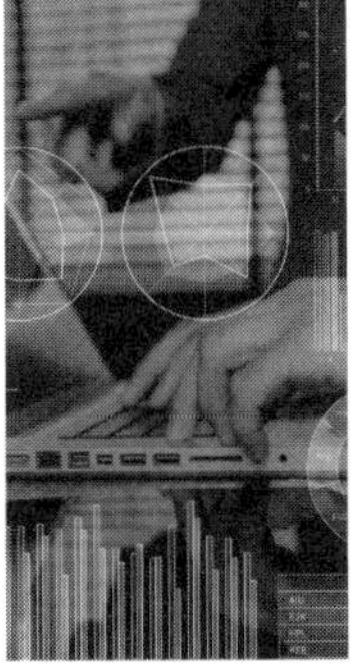

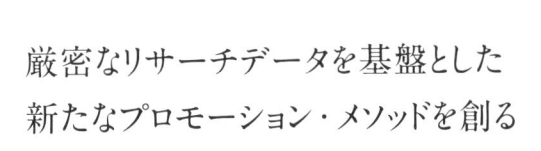

「世界一社員が幸せに生きられる会社」を創る

「お客様の商品やサービスなどの魅力」を最大化して、広く世の中に提案をしていくこと……。

そのために、弊社では多種多様なバックグラウンドをもった人材を揃えて、あらゆる課題に対して的確なご提案をしています。

そのために前提として取り組んでいるのが、「世界一社員が幸せに生きられる会社」を創り上げることです。

社員がいきいきと自発的に考え働くことで、お客様に常に最高のサービスが提供でき、その結果、お客様企業やその顧客様の幸せにも貢献していきたいと考えています。

株式会社 one　代表取締役

Top Message —— araki katsuhiko 荒木 克彦

PR・広告という事業領域で確実な成果を創りだすための独自メソッドを追い求める。

マーケティングリサーチを基盤とした
コミュニケーション・ロードマップを描き
曖昧になりがちな「PR・広告効果」を
確実な成果へと繋げるサービスを提供する。

「厳密なマーケティングリサーチを実施し、それを基にプロモーションしていくことが当社の基本です。そして、その手段にはPRもあれば広告もあります。またイベントなどの手段もあり得るでしょう。今ではインフルエンサーを使うことも考えられます。プロモーション・プランは幾つも考えられるのですが、その中から最適なものを選んで実行する。リサーチからプロモーションまでを〝一気通貫〟でできるのが、私たちの最大の強みです」。

東京都新宿区神楽坂。マンションやオフィスビルが建ち並ぶ傍に、毘沙門天（善國寺）をはじめとした神社仏閣の歴史ある建造物や石畳などが残る懐古と進取が混在する街区だ。この一角に本社を構え、社員数15人という小規模でありながらも、独特の存在感を放つPR会社が、株式会社ｏｎｅ《ワン》だ。

創業者の荒木克彦社長は、マーケティングリサーチから実際のプロモーションまでを一貫して行うことが同社の強みであり、これを「マーケティング×コミュニケーション」と表現している。

商品を開発した、あるいはサービスを開始した。だがなかなか売れない、利用してもらえない。そのような悩みをもつ企業は多いはずだ。「売る」ためには、まず多くの人に知ってもらわなければならない。その時に利用するのが、新聞・雑誌・ネットなどのメディアだろう。

メディアの活用方法には大きく分けて二つある。

一つは「広告」だ。新聞・雑誌・ネットのニュースサイトなどのメディアに掲載してもらう。確実に人の目には触れるが、掲載料（広告料）を支払う必要がある。また目にした人は、これをクライアント企業による宣伝と受けとめるのは衆知のとおりだ。

もう一つの手段が「ＰＲ」だ。プレスリリースなどを配信してメディアに「記事」として掲載してもらう。「記事」は、第三者である記者や編集者が企画し制作をするので、目にする人は客観性のある内容と受けとめる。また広告料もかからない。しかし一方、確実に掲載されるとは限らない。

一般的には、費用を支払う広告も、自社努力で行う広報活動も、ひとまとめにＰＲと呼ぶことが多いが、「広告」と「ＰＲ」を区別してそれぞれの特徴をよく知り、使い分けることで、効果的なプロモーションが可能になると、荒木社長は話す。

荒木社長が２００９年に立ち上げたｏｎｅは、この「ＰＲ」を得意とする会社だ。

商品やサービスなどを「ＰＲ」したいクライアント企業のために、新聞・雑誌・テレビ・ネットなどのメディアの記者や編集者などに情報を提供して、記事やニュースとして掲載してもらうことを事業の柱としている。

もちろん、この作業は簡単なことでは実現しない。ただでさえ世の中には多くの商品やサービスが溢れていてメディア関係者の手元には日々、様々な情報が送られてくる。本当に価値のある、〝ニュース性〟のある情報ならば彼らの関心をひくが、価値がないと判断されれば一瞥もされない。また価値があったとしても瞬時にその内容が理解できなければ、まったく関心は示されない。

ＰＲ会社は、商品やサービスそのものを深く理解するだけでなく、それをどのようにすれば受け入れられるのか、社会情勢や市井の人々の関心を探りつつ、商品やサービスがもつ価値をわかり易く理解できるように工夫を凝らす。何とかメディアでの掲載ができたとしても、それが消費者に受け入れられ、さらに実際にその商品やサービスを購入・利用したくなるように徹頭徹尾考えながら、その難題に取り組んでいく。

本当に価値のある商品やサービスを世の中に伝えるには、幾つもの難関を乗り越える必要があるわけだが、そのために欠かせないのが市場調査、マーケティングリサーチだ。

「調査し、分析して、顧客や市場を知ることから始めます。コアターゲットを定め〝ペルソナ〟（表面的な人格）まですっかり裸にする。その上でしっかりとしたプロモーション・プランを構築して、戦略的に活動をしていきます」と、荒木社長は話す。

マーケティングリサーチにより、市場環境を分析し

様々なクリエイティブ領域のプロフェッショナル人材で構成された「oneの最強スタッフ」陣。

た上でターゲットを定め、具体的なアクションプランを作り、実行する。調査から得られる「事実」を基にして考え抜いていくことで確実な成果が生まれてくることになる。

調査で浮かび上がる意外なマーケット既存の商品の新たな可能性の発見も

ある企業が製造・販売するレトルト食品は、60歳代、70歳代の顧客に支持されていた。現実に、この顧客層では高いシェアを得ており、これ以上のマーケット拡大は不可能にも思えた。だが、何とかもっと売上を伸ばせないだろうか、との依頼を受けたｏｎｅが調査を進めていくと、意外なことが明らかになった。

マーケットデータを遡って観ていくと、特定の時期だけ、コンビニやスーパーでの売上実績が伸びていたのだ。しかも60歳代、70歳代とは明らかに違う層の顧客が商品を購入していた。

さらに調査を進めていくと、そのレトルト食品がダイエットに効果があるという情報が巷で広がっていることが明らかになった。売上が急激に伸びたのは、テレビ番組でこの食品を用いたダイエット特集が放送された時期だった。雑誌やＷｅｂなどのメディアで特集されたときに売上は跳ね上がっていた。

そこでｏｎｅは、それまでの主要顧客である60歳代、70歳代とはまったく違うターゲット層に訴求することにした。20歳代の女性を対象に「ダイエット」を前面に押し出したプロモーションを展開したのだ。

いつものように、メディア向けのプレスリリースを作成したことはもちろんだが、他にも幾つかの手段を講じることにした。

一つは、女性を対象にした「今年挑戦してみたいダイエット法」のアンケートを実施した。この食品を用いたダイエット法を選択肢の一つとして訊くと、集計結果でその方法が上位になるという成果を得た。

もう一つは、専門家からの協力を得たことだ。この食品を用いたダイエット法では、必須栄養素を損なうことなく効果を上げ、健康に良いという科学的な裏付

エビデンスデータを基盤とした「科学的な見地に立脚したプロモーション・プラン」を追求する。

けが取れたのだ。

そこまで調査・準備をした上でメディアに伝えると、一気にその効果が現れた。あるテレビ局のバラエティ番組では、タレントがこの食品を用いたダイエット法に挑戦するという企画を放映した。テレビ番組の企画そのものの影響も大きかったが、放映後もＷｅｂメディアなどがこの番組について何度も取り上げ、ＳＮＳでも情報が拡散されたことで、この食品のダイエット効果は、瞬く間に知られるようになった。商品そのものはすでに広く知られていたこともあり、より多くの人たちがこの商品のダイエット効果を見直す契機にもなっていった。

型通りにニュースリリースを配信するだけでなく、マーケティングリサーチによって20歳代の女性というそれまでとはまったく違うマーケットの存在を知り、アンケートを採ったり専門家へ協力を仰いだり、独自のプロモーション・プランを実施したことが功を奏した。ｏｎｅならではの〝一気通貫〟の献策が成功した一例と言えるだろう。

3ヵ月という短期間で、「PR」と「イベント」を成功させた例もある。

あるペット関連サービスを展開する企業のために、新製品発表の記者会見を行うことになった。だがペット業界の競争は激しく、それだけでは他の多くの情報の中に埋もれてしまう。

そこで、会場で商品を大々的に展示することにして、体験ブースも設置し、会見後には懇親会も用意した。これら多種多様な「イベント」併設によって大勢の人の関心を得ようとした。メディア関係者を招待したことはもちろんだが、商品販売に携わる店舗やチェーンのバイヤーたちにも声をかけ、さらにペットを飼っている一般消費者の参加も促した。

その結果、当日は300名ほどが来場して会場は賑わい、新製品の話題を広げることができた。

立案からイベント開催まで3ヵ月。異例のスピード感だったが、プレスリリースの準備や関係者への案内、展示や懇親会の準備など、すべてを同時並行で進めることで実現させた。多種多様な形の「イベント」開催が「PR」の効果を高め、スピード感という付加価値も提供することができた仕事だった。

ロードマップを策定して KGI・KPIを定めPDCAを回す

大企業ならば必ず広報部門があり、PR戦略を練る専任社員もいるだろう。だが、中小企業ともなれば、そのような人的な余裕がないのが普通だ。商品やサービスのプロモーションについても、決裁者の「鶴の一声」で決まるところは多いに違いない。

中小企業の社長には、高い実績を上げて独立した人も多く、強力なリーダーシップで会社を牽引し、同様にプロモーションも鋭い勘で的確なプランを打ち出すこともあるだろう。だが、会社規模が大きくなるにつれて、その勘だけでは心許《こころもと》なくなる。

「担当社員は『絶対にターゲットが違う』と内心では思っているのに、『社長に言われたから』と不本意な方向で取り組まざるを得ないケースもたびたびあります。それでは、本当に会社はおかしな方向へといってしまう。そんな時にものを言うのが〝データ〟です。〝データ〟が示すことには、社長といえども耳を貸さざるを得ません」と、荒木社長は具体的に説明する。

もちろん現実は、そうやすやすと話が進むわけではないが、事実に基づくデータが説得力をもつことは事実だ。しかし一方、調査を万能視もできない。盲点もあると荒木社長は言う。

「調査すればするほど、より競争の激しい分野に足を踏み込んでしまうことがあります。いわゆる〝レッドオーシャン〟です。〝ブルーオーシャン〟を見つけるには、まったく異なる発想が必要となります。

例えば、ゴルフ関連の商品を例にとると、本格的にプレーする方をターゲットにすれば、明らかに過当な競争の渦中に飛び込まなければならないでしょう。しかし、年に1～2回プレーする方に5回から10回ほど使っていただくようにするなど、第2、第3のターゲットを見つけ出してプロモーションする方法があります。まったく違うマーケットで売上を達成できると

社員数は15人。自らの個性を活かしチームワークを重んじ、最高の“トライ”を目指して突き進む。

いうパターンは十分にあり得るんです」と、荒木社長は解説してくれた。

リサーチ結果を土台にしてプランを作ることは大事なことだが、型通りの方法しか採らなければ競合他社と代わり映えしない施策にしかならない。正面突破だけではなく、横から斜めからあの手この手、あらゆる方向から可能性を考え、活路を見出していく。時には最初に想定したターゲットを切り捨て別のターゲットを狙う場合が効果的なこともあるという。

十分に調査を行い、プランを作り、メディア関係者を惹きつけることにも成功した。その結果、狙い通りに消費者の関心を惹くこともできた。だが、その消費者が会社に電話をかけてきた時に、つながるまでに何10分と待たされたならば、商品の購入を諦めてしまうだろう。せっかく高まった消費者の関心をみすみす無駄にしてしまわないためには、電話が殺到しても応えられるだけの人員を配置したり、商品やサービスをすぐに注文できるようにショッピングサイトの機能を強化したり、受け皿をしっかりと作っておく必要がある。

単に「PR」を成功させるだけでなく、実際に売上に繋げるためには、漏れやスキのない計画が不可欠だ。そこでoneでは「ロードマップ」作りも同様に重視している。

「できれば1年、最短でも半年のロードマップを作ります。長期計画を組めば、商品やサービスを打ち出す最適な時期がいつなのか。また、イベントを連携させるべきではないのか、ならばこのタイミングで行おう……。いろいろな可能性をプランに組み込みます。最終的なKGI（目標）を達成するために、途中で何をするべきなのか、KPI（重要業績評価指標）を明確にさせることができるわけです。

そして、プランを進めるたびごとに効果測定をして実態を把握する。そうすれば、修正するべき箇所もわかります。やりっぱなしにはせずにPDCAを回し続けることで、プロモーションをより効果の高いものにしていきます」と、荒木社長は話す。

「PR」の世界では、現実にメディアに掲載されるかどうかわからないなど、曖昧な部分がどうしても残る。それを口実に、成果が上げられない言い訳にすることも可能だ。だが、そのようなことはプロフェッショナルを自認する者にはできないのが良識だろう。「調査」を重視し、その結果を基に「ロードマップ」を作り「ＰＲ」を進めていければ、曖昧さを極力なくすことができる。そして、着実な成果を上げることが可能になるのだ。

究極の目標としていることは 世界一社員が幸せに生きられる会社

荒木社長がＰＲ事業を知ったのは、大学卒業後、システム会社に就職して、営業職として働いていた時のことだ。可能性を感じて20歳代半ばで、先輩とともにＰＲ会社を立ち上げた。そこで経験を積んだ後、独立して今度は自分のＰＲ会社を立ち上げた。それが今のｏｎｅだ。２００９年９月に設立し、翌２０１０年に株式会社化した。

立ち上げた当初は、荒木社長が一人で営業もＰＲの実務もすべてを行っていた。それまでの経験と直観で、どのようにすれば「ＰＲ」で最も効果を上げられるのか、その最適な方法を自ら考え出すことができたからだ。だがその後、マーケティングリサーチの会社と関わるようになって、荒木社長は「調査」の重要性

荒木社長は、卓越したマーケティングリサーチの知見と
市井の様々な人たちの心模様を知覚する特性を強みに
何が一番「人の心に刺さる」のかを、常に模索する。

に気づくことになる。現在では、そのマーケティングリサーチ会社の他にも幾つかの会社と連携しながら、案件によってその分野が得意な会社に「調査」を依頼し、それを基にｏｎｅがプロモーション・プランを立てて「ＰＲ」を実施している。

「調査」の結果によってはプレスリリースで「ＰＲ」するだけでいい場合もあるし、またプレス発表のような「イベント」が効果を上げる場合もある。費用をかけての「広告」がより効果的なケースもある。インターネットが普及し、誰もがスマートフォンで随時に情報をやりとりするようになった現在、ホームページやブログ、ＳＮＳなどへの情報提供も欠かせない時代となった。

現在、ｏｎｅの組織は、管理部門やリサーチ、ＰＲの各部門はもちろん、広告部門も設け、案件に最適なプロモーション法を選んで各部署で分担したり、必要な人材が集まってプロジェクトをつくって仕事を進めている。

マーケティングリサーチ会社との出会いが、ｏｎｅの「マーケティング×コミュニケーション」というスタイルを生んだわけだが、リサーチ会社との出会いは、荒木社長にもう一つの「気づき」をもたらした。それは経営者としての経験だ。

ｏｎｅ設立後の２０１１年4月、荒木社長はマーケットリサーチ会社の役員に就くことになった。そしてｏｎｅはその会社の１００％子会社となった。当時、ｏｎｅは５～６人の会社にすぎず、一方、親会社は80人ほどの規模があった。小さな所帯のトップから、いきなり大組織の役員にという依頼に初めは戸惑ったが、何度も依頼されたことからその任を引き受け、３人の代表の一人として、経理以外のすべての業務をみる立場にもなった。

また、もう一つのグループ会社の代表取締役も兼務することになり、総勢１５０人のトップとして采配を振るい、3年で大幅な業績の向上を実現させた。

経営者として大きな自信を得たが、同時にこの経験によって、荒木社長は会社というものの存在を改めて考えざるを得なくなったという。

「成果が出たという意味では本当によかったんです。業績が伸びて、ボーナスも出すことができました。以前よりも仕事を取れる勢いも生まれて、社内の雰囲気もずっとよくなりました。でも、一方ではすごく違和感があったんです」と、荒木社長は当時のことを回想する。

社員たちを改めて見直すと、仕事の意味もわからずにただひたすらに働いている姿が目に入った。

「仕事のための仕事をする。社員たちは、無理して仕事に取り組んでいるように思えました。日曜の夕方になれば、月曜から始まる仕事を想像して落ち込んでしまう社員もいました。私自身はやる気満々で翌週の仕事が始まるのをウズウズしながら待っているのに、この〝差〟はいったい何なんだろうって考え込んでしまいました」と、荒木社長は自戒する。

その後、荒木社長はｏｎｅの株を買い戻し、親会社

進む、同フロア4社との事業連携

「調査」を重視し、それに基づいて業務を進めることで、信頼される「ＰＲ」のあり方を構築してきたｏｎｅ。自社内に「リサーチ」や「ＰＲ」だけでなく、「イベント」、「広告」の部署を設けるなど領域を広げてきたが、これらの分野を専業とする他企業との連携も同時に進めている。

ｏｎｅが入るビルの同じフロアに入居するのが「ＰＲ」や「プロモーション」を行う専門企業だ。コンテンツ事業の“ｅｉｇｈｔ”、リサーチ事業の“ｚｅｒｏ”、イベント・プロモーション事業の“ＳＰＯＷＥＲＴＳ“、そしてスポーツ事業・旅行代理業を営む“SPOWERTS UNITY”の４社は、ｏｎｅとは資本関係こそないが、パートナー会社として一つのプロジェクトを役割分担して事業連携する機会は多いという。

「４社のトップはいずれも３０歳代半ば。それぞれ独立した会社として経営の腕を磨いて力をつけ、いずれ全体で５０人、１００人体制になったときには、もっと大きな仕事をしていきたい」と、荒木社長は話す。

ｏｎｅの「マーケティング×コミュニケーション」や「ＨＲ×マーケティング」と同様、それぞれの会社には目指すところはあるが、「世界一社員が幸せに生きられる会社」、「世界の仲間と一緒に」の目標は、４社ともが共通理念としている。

やグループ子会社の役員も降り、ｏｎｅの代表取締役として自社の運営に専念するようになるのだが、その時は、思い切って自分が感じている違和感に立ち向かうことにした。ｏｎｅの目的として、「世界一社員が幸せに生きられる会社」と「世界の仲間と一緒に」を掲げて、社内改革を実施したのだ。

フルフレックス、決算情報開示会議への自由参加、役員信任投票ｏｎｅに専念することを機に一気に改革

実施した改革案は、「フルフレックス」をはじめ、「役員会自由参加」「決算情報開示」「会議体への自由参加、自由退室」など、社員たちが自由に動き回れるようにするためのものだった。その他にも「評価制度構築の自由化」「全社員による経営陣への信任投票制」「毎月1万円の自由活用」などもあった。

「フルフレックス」とは、文字通り働く時間を拘束せずに、いつ働いてもいい制度だ。コアタイムもなく、早朝でも夜中でもまったく構わない。「役員会自由参加」は、取締役でなくとも社員ならば役員会に自由に参加できる。当然、役員会で出される資料も見ることができ、会社の事業計画はもちろん、社長の給料などもすべてわかる。「決算情報開示」の方針も合わせて、社員たちに会社の売上や利益などをすべてオープンにしたのだ。

「会議に自由参加、自由退室」は文字通り、出たい会議に自由に出られて、出たくなければ出る必要はないということだ。いったん参加しても、意味がないと思えば途中で退席しても構わない。会議の主催者にとっては、意味のある会議であることを訴えなければならない。

「評価制度構築の自由化」は、社員が評価制度を自分たち自身で策定する制度だ。評価制度に不満はつきものだが、社員に評価制度を作る側になってもらう。その難しさも理解してもらいながら、誰もが納得できる制度を作っていくというものだ。

「全社員による翌期経営陣への信任投票制」は、年

に1回、次の期、社長を含む役員が仕事を続けていいかどうかを社員の投票で決める制度だ。支持が7割未満ならば退陣しなければならない。

会社の株を保有する荒木社長は、たとえ投票で落選したとしても代表取締役を続けることは可能だ。しかし、敢えてそのようなことはせず、落選すれば一社員として会社に携わっていく。幸いにもこれまで2回の投票では無事に支持を得て、社長を続けているという。

「1日8時間労働だとすれば人生の3分の1は仕事です。寿命が90年とすると30年分は働くわけです。仕事がイヤなんて絶対にあり得ない。月並みですけど、楽しく仕事をしたい。そして、経営は大丈夫なのか、経営者が裏でコソコソして役員報酬を引き上げ、経費は使い放題で私腹を肥やしているんじゃないか。社員たちがそんな疑念や不安などを抱えたまま仕事をするのではなく、情報はすべて開示して、安心して仕事に取り組めるようにしたというのが趣旨です」と、荒木社長は話す。

これで社員たちは思う存分に力を発揮してくれるは

次の事業目標は、「HR×マーケティング」

社内改革では試行錯誤が続くoneだが、その経験からヒューマン・リソース（HR）を最大限に活かすための事業構想が進んでいる。

「マーケティングやPRによって、お客様の会社の力を1から2にすることはできるかも知れませんが、さらに3にし、4にしていくためには、人がいきいきと働ける環境を創らなければなりません。会社の問題点を洗い出したり、社員たちへの教育を実施したり。組織を変化させてパフォーマンスを何倍にもしていくのです」。

いろいろな企業の「PR」の仕事を行い、成果も上げてきた。だが、社内を見れば不満を抱えた社員たちのいる企業は意外と多い。一人ひとりの社員の力をフルに発揮できれば、会社はまだまだ伸びることができる。会社が全社一丸となるために情報共有や情報開示は必須事項だ。

oneの取り組みは、確かに急ぎ過ぎたかもしれないが、いずれは多くの企業がぶつかる壁でもある。失敗の経験を活かして、より多くの企業へも受け入れられていくような“HRの体系づくり”を進めるという。目指すは「HR×マーケティング」だ。

「PR」を「調査」によって強化し、体系化してきたように、ここでも土台となるのは、まず「調査」からだと荒木社長は話す。

ず……。業績も飛躍的に上がり、みんな幸せになるはず……。そう期待したが、現実は厳しかった。

「確かに社員は幸せそうに働き、労働時間も減りました。しかし、労働時間が減った分だけ、同じ割合で売上も下がってしまいました（笑）。その結果、ボーナスも出せない状況になってしまったんです」。

かつては150人のトップとして、親会社の立て直しを果たした自分が、15人の会社の舵取りができなかった。これまでの会社経営の経験で、一番の失敗だったという。

「『世界一社員が幸せに……』って言っている手前、私が気を遣い過ぎました。以前ならば『明日11時に会議ね、よろしく！』で済んでいたのにフルフレックスにしたために、一人ひとりの社員に『明日は何時から働いてます？』と聞かなければならず、すごく手間がかかるようになってしまったんです」と、荒木社長は笑みを浮かべつつ率直に胸の内を話してくれた。

結局、仕組みや制度は変えず、無駄な気を遣うことをやめ、ストレートな会話に戻すことにした。辞める社員が出ることも覚悟したが、そうはならなかった。むしろ若い社員たちの中には、社長の強いリーダーシップを望んでいる社員もいた。現在、業績は回復し半年先の見通しも明るい。社員もこのやり方に馴染んできているように思えるという。

改革は無駄だったのだろうか。いやそうではない。

「oneはいったん『荒木商店』に戻しましたが、やっぱり軍隊式の組織でなければ、というようにはしません。働き方（改革）はこれまで通りに進めて、その結果、ウチの会社を10億、いや100億円の売上規模にしたい。そうなれば、他からも認められるでしょう。ここで転ぶわけにはいかないんです」と、荒木社長は再度の挑戦に強い気持ちで臨んでいる。

「世界一社員が幸せに生きられる会社」のあり方を追求する姿勢は、いまも変わらない。そのことを世界にも啓蒙していきたいという大きな目標もできた。

志はまだ半ば、試行錯誤は続くが、仕事へと向かう意志と意欲はこれまでよりも強固なものになってきたと、荒木社長は自負をもって話してくれた。

経営者と社員の間にある
垣根を取り払うという古からの命題を
会社経営の第一義の理念として捉え
組織改革に取り組んでいる。
彼らが談笑するその笑顔の中に
その答えと未来図が描かれる。

社名	株式会社one one INC.
本社所在地	〒162-0825 東京都新宿区神楽坂6-42 神楽坂喜多川ビル3F Tel ：03-6826-6560（代表） Fax ：03-6826-6641 URL ：https://one-inc.co.jp
代表者	代表取締役　荒木 克彦
設立	2010年9月
資本金	9,990,000円（2018年9月末現在）
事業内容	PR事業 データ活用型プレスリリース制作 支援業務 WEBマーケティング支援業務

あとがき

高い志と人間味溢れる姿に学ぶ
社長たちの矜持と生身の言葉

株式会社ＥＳＳＰＲＩＤＥ
代表取締役 ＣＥＯ 西川 世一

「予定していた半年分の生産計画を破棄してくれ」。

20歳代前半で入社したダンボールなどの梱包資材を扱う父の会社で聞いた、突然の取引中止の電話でした。数10年と関係性を築いてきても、何円、何10銭という価格の差で負ければ取引が終わってしまう。この時から、私は自分たちにしか提供できない事業を生み出す必要性を強く感じ、商品企画力やデザインを活かしたビジネスを実現できないか、と考えるようになりました。

そこで、当時、扱いが難しく手がけている会社が少なかった〝お菓子〟というコンテンツに着目し、お菓子をコミュニケーション・メディアにしてクライアント企業の〝ファン作り〟を支援する事業を立ち上げようと考え、２００５年4月株式会社ＥＳＳＰＲＩＤＥを設立したのです。

初めは実績がないため、お菓子のあらゆるパッケージを考え、サンプルを作っては一つひとつの商品を撮影しカタログを作るところから取り掛かりました。とにかくオシャレなファッショ

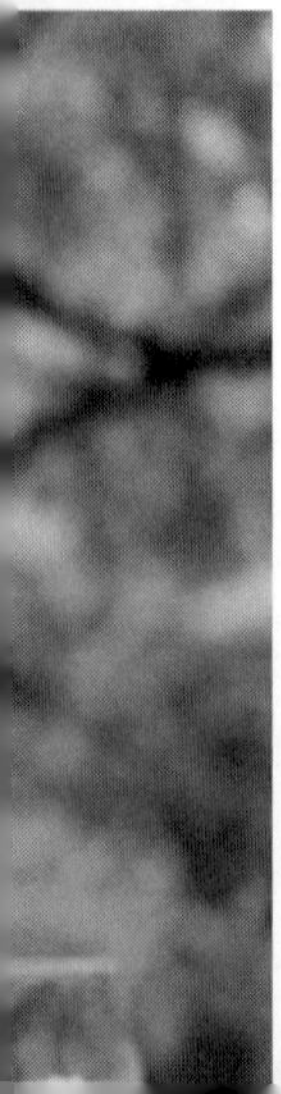

『社長チップス』で出会った
多種多彩な事業を牽引する社長たちとの
会話から『エッセンシャル・イノベーター』
の発想が醸成され、本書が誕生した。
登場する社長が語る言葉の一つひとつに
至極の“ 教えと学び ”が潜んでいる。

ン誌のようなお菓子のカタログを作ろうと、気の遠くなるような作業を続け、カタログが完成したら、それを片手に営業するという日々でした。

その後、地道な営業活動が少しずつ認められ、今では企業の他に、人気アーティストやプロ野球、Jリーグ、テーマパーク、アニメ、ゲームなどの物販商品の企画・製造・販売を行っています。

振り返ってみると、この事業が受け入れられたのは、誰にでも親しみのある〝お菓子〟がファンの皆さんに喜ばれたということはもちろんですが、製作過程における密接なやり取りを通して、クライアント企業の個性や強みを客観的に捉え、効果的に表現することでお客様から認めていただけたからではないかと思っています。

「自分たちが大切にしていた価値観や強みをうまく表現してくれた」、「社内に一体感が生まれた」、そのような声をたくさんいただき、私たちもまた、「お菓子が生み出すコミュニケーションのチカラ」を再認識し、お菓子を通じて企業の魅力をアウトプットすることで〝トータルブランディング〟に繋げられたらと考えた末に、現在の『社長チップス』が誕生することになるのです。

〝ポテトチップス×社長〟を実現したこのサービスは、社長カード付きポテトチップスをきっかけに採用・PR・ブラン

Photography by Masaaki Miyazawa

ディングに活用していただくプラットフォームで、全国の隠れた名社長に広告塔として活動していただき地域経済活性化にも寄与していきたいと企画した、社長のための事業プランです。

いつもはカッコイイ社長ですが、内心ではハラハラドキドキ、汗を流して懸命に働き、時には挫折して涙も流す。弱音を吐けない立場にある社長が、敢えてこの本音の部分、挫折や苦労話などの〝塩（CEO）味〟エピソードを語ることによって、人々を勇気づけ、仲間の輪を広げていけたらと考えたのです。

「何コレ?!」というユニークなコンセプトもあって、これまでに500以上のメディアに取り上げられるなど反響は大きく、社長たちをインタビューする『社長チップスラジオ』（ラジオ日本　毎週木曜深夜26時〜）や、〝チャーミングな社長ナンバー1を学生が決める〟初のイベント『Charming Chairman's Club CHAMPIONSHIP（CCC）』などの効果も相まって、現在、全国各地から数多くの社長が登場してくださっています。

この仕事を通じて私自身が、あらゆる業種・業容の個性的な社長の方々とお会いしてきましたが、聞けば聞くほど社長の人生って凄い、と実感せざるを得ません。

こんなにも学びの多い社長の人生を、もっと多くの人たちに知ってほしい。そのように考えていた矢先、ダイヤモンド社と

出会う幸運に恵まれ、形になったのが本書『エッセンシャル・イノベーター』です。15社の社長に登場していただき、15人の社長の人生と企業の成り立ちを追いかけました。まず、若い人たちに読んでほしいですし、就活中の方にとっては理想のリーダーと出逢える1冊になるかもしれません。

当社では、社長に関する調査を継続的に実施していますが、学生たちが就活で最も関心があることの1位が、「職場の雰囲気」、そして2位が「社長」という結果となっています。「どのような社長と働きたいか?」という質問に、〝パッションのある人〟、〝情熱を持った人〟、このような言葉が並びます。世の中を良くしたい、社会を変えたい、高い志を持った社長と一緒に働きたい。同時に社員のことを考え、人間的な魅力に溢れた社長が望まれているのです。

本書に登場する15社の社長も、社会や時代に大きな影響を及ぼしたいと考えている高い志の持ち主ばかりです。辛い過去はあっても現在《いま》は堂々と事業を語り、かつて涙を流したことなど想像もできないほど力強く事業と会社を率いています。

事業がどのようにして成り立ってきたのか。そもそも何を目指して起業し、会社経営をしてきたのか。本書を読んでいただければ、社長の人生と会社経営とは切り離すことができない表裏一体のものであることがよくわかるはずです。また、読者の

お菓子は“人と人を繋ぎ”親しみと歓びを
演出する最高のおもてなし、贈り物だ。
その“お菓子のチカラ”を再構築した
事業手法としなやかな発想力にこそ
コミュニケーションの新たな世界を
切り拓くイノベーションがある。

皆さんが抱える目の前の仕事についても、必ず新たな意味や意義を見つけられるに違いありません。これから会社は、自分はどこに向かっていくのが幸せへの道筋なのか……。それも自ずと明白になっていくことでしょう。

そしてまた、会社経営者の方々にも、ぜひ本書を手に取っていただけたらと強く願っています。

私自身、本書を制作する過程で、あの穏やかな社長も過去にはこれほどの苦労があったのかと、ハッとさせられることばかりでした。傍目《はため》からは順風満帆に見えていても実態はそうではなかった。私と同じように苦しんできた〝生身の社長たちの姿〟を知ることで非常に勇気づけられたのです。もちろん仕事上、参考になるノウハウもたくさん記されています。業種業態が違うからこそ、他の社長の経験とそのストーリーを知ることで、自分自身を冷静に見つめることができるようになります。

ESSPRIDEも、「お菓子のチカラ」で企業や社長を新たな切り口で表現してきましたが、目指すべき未来へと目を向け、事業内容を『おやつエンタテイメント製造業』と位置づけ新たにスタートしました。日本独特の文化である〝おやつ〟は、単にお菓子を意味するだけではありません。私たちは〝おやつ〟を「人の心を歓びで満たすもの」と広く解釈し、ワクワクするよう

Photography by Masaaki Miyazawa

“お菓子のチカラ”で体現したメディア力を
“言葉のチカラ”がもつ伝播力と共時性に
乗せて、多くの人たちに感動と共感を届ける。
ここに登場する社長の日々の出来事の中に
見え隠れする魅力と原像が、それらを語る。

な企画を生み出したり、老若男女、世界中の人々に充実感を提供できるようなコンテンツを作り出し、『おやつエンタテイメント』として発信していきたいと考えています。同時に日本経済を牽引してきた先達の製造業の方々に敬意を払いたい、そのような意味も込めて、いまここから〝製造業〟として日本の様々な企業の魅力を世界に向けて発信していきます。

『エッセンシャル・イノベーター』の出版は、その第一歩。人生とか苦労とかどこか堅い言葉を使ってしまいましたが、文章は非常に平易で、いったん読み始めれば一気に最後まで読み進められると思います。おやつをいただくように、社長の人生を〝ちょっとつまむ〟つもりで手にとっていただければ幸いです。

今回ご登場いただいた社長は、主に首都圏と大阪圏を舞台に活躍していますが、全国各地にはまだまだ登場機会の少ない魅力的な企業はたくさんあります。私たちは、今後も『エッセンシャル・イノベーター』をシリーズの出版物企画として展開し、日本経済を根底から支えている企業とその社長を紹介することで、革新的な挑戦を続ける社長たちの〝人間味溢れる言葉〟をお届けできれば幸いです。

最後になりましたが、本書出版のために多大なご協力をいただきましたダイヤモンド社の浅沼紀夫氏と花岡則夫氏に、この場をお借りして厚く御礼を申し上げます。

社名	株式会社 ESSPRIDE（エスプライド）
本社所在地	〒151-0051 東京都渋谷区千駄ヶ谷 3-17-11 TEL：03-3479-3610 FAX：03-3479-3620 URL（株式会社 ESSPRIDE）： https://esspride.com URL（Charming Chairman's Club）： http://charming-chairmans-club.com
代表者	代表取締役 CEO　西川 世一
設立	2005 年 4 月
資本金	7,750 万円（2019 年 3 月現在）
事業内容	おやつエンタテイメント製造業

esspride.com

charming-chairmans-club.com

監修者
西川 世一（にしかわ せいいち）
株式会社ESSPRIDE　代表取締役 CEO

1978年、愛知県生まれ。中京大学附属中京高校では甲子園を目指し野球に没頭する。デザインを学んだ後、2005年、お菓子をコミュニケーションメディアにして、ファンに響く商品をプロデュースする"FAN Biz（ファンビズ）"事業を立ち上げ、株式会社ESSPRIDEを設立。500以上のメディアに取り上げられた話題の『社長チップス』では、魅力あふれる社長たちを『Forbes JAPAN』や"オリジナルWEB"上に於いて紹介するタイアップ連載"Charming Chairman's Club"を発足。学生が日本一チャーミングな社長を選ぶアワードの開催や、全国の社長を繋ぎ、同時に学生との交流も積極的に促進する全国TOURを各地で主催する。現在、これらの事業企画の推進で地域経済活性化にも精力的に力を注いでいる。

アートディレクション　**Art Director**
齊藤 信貴　Nobutaka Saito

デザイン / レイアウト　**Designer**
鈴木 睦　Makoto Suzuki
加藤 未紗　Misa Kato
村松 琴美　Kotomi Muramatsu
（株式会社 ホワイトライングラフィックス）

取材 / 文　**Writer**
山本 明文　Akifumi Yamamoto

撮影　**Photographer**
宮澤 正明　Masaaki Miyazawa
（P281　P284）
柏木 鈴代　Suzuyo Kashiwagi

製版ディレクション　**Printing Director**
金久保 悠　Yu Kanakubo

調査 / 編集　**Research Editor**
増田 智子　Tomoko Masuda
（株式会社 マクスト・コーポレーション）

編集 / クリエイティブディレクション　**Editor / Creative Director**
宮﨑 幸男　Yukio Miyazaki

エッセンシャル・イノベーター
次代を捉えた経営者のサステイナブル・マネジメント

2019年7月17日　第1刷発行

監　修——西川 世一
発行所——ダイヤモンド社
〒150-8409　東京都渋谷区神宮前6-12-17
http://www.diamond.co.jp/
電話／03·5778·7235（編集）03·5778·7240（販売）
装丁————齊藤 信貴
製作進行——ダイヤモンド・グラフィック社
印刷————堀内印刷所（本文）・新藤慶昌堂（カバー）
製本————ブックアート
編集担当——小出 康成・花岡 則夫

ISBN 978-4-478-10754-6